HEBRAICO
VOCABULÁRIO

PALAVRAS MAIS ÚTEIS

PORTUGUÊS HEBRAICO

Para alargar o seu léxico e apurar as suas competências linguísticas

5000 palavras

Vocabulário Português-Hebraico - 5000 palavras
Por Andrey Taranov

Os vocabulários da T&P Books destinam-se a ajudar a aprender, a memorizar, e a rever palavras estrangeiras. O dicionário é dividido em temas, cobrindo todas as principais esferas de atividades quotidianas, negócios, ciência, cultura, etc.

O processo de aprendizagem, utilizando os dicionários baseados em temáticas da T&P Books dá-lhe as seguintes vantagens:

- Informação de origem corretamente agrupada predetermina o sucesso em fases subsequentes da memorização de palavras
- Disponibilização de palavras derivadas da mesma raiz, o que permite a memorização de unidades de texto (em vez de palavras separadas)
- Pequenas unidades de palavras facilitam o processo de estabelecimento de vínculos associativos necessários para a consolidação do vocabulário
- O nível de conhecimento da língua pode ser estimado pelo número de palavras aprendidas

Copyright © 2019 T&P Books Publishing

Todos os direitos reservados. Nenhuma parte desta publicação pode ser reproduzida, total ou parcialmente, por quaisquer métodos ou processos, sejam eles electrónicos, mecânicos, de fotocópia ou outros, sem a autorização escrita do editor. Esta publicação não pode ser divulgada, copiada ou distribuída em nenhum formato.

T&P Books Publishing
www.tpbooks.com

ISBN: 978-1-78716-430-7

Este livro também está disponível em formato E-book.
Por favor visite www.tpbooks.com ou as principais livrarias on-line.

VOCABULÁRIO HEBRAICO
palavras mais úteis

Os vocabulários da T&P Books destinam-se a ajudar a aprender, a memorizar, e a rever palavras estrangeiras. O vocabulário contém mais de 5000 palavras de uso comum organizadas tematicamente.

O vocabulário contém as palavras mais comummente usadas
Recomendado como adicional para qualquer curso de línguas
Satisfaz as necessidades dos iniciados e dos alunos avançados de línguas estrangeiras
Conveniente para o uso diário, sessões de revisão e atividades de auto-teste
Permite avaliar o seu vocabulário

Características especias do vocabulário

- As palavras estão organizadas de acordo com o seu significado, e não por ordem alfabética
- As palavras são apresentadas em três colunas para facilitar os processos de revisão e auto-teste
- As palavras compostas são divididas em pequenos blocos para facilitar o processo de aprendizagem
- O vocabulário oferece uma transcrição simples e adequada de cada palavra estrangeira

O vocabulário contém 155 tópicos incluindo:

Conceitos básicos, Números, Cores, Meses, Estações do ano, Unidades de medida, Roupas & Acessórios, Alimentos & Nutrição, Restaurante, Membros da Família, Parentes, Caráter, Sentimentos, Emoções, Doenças, Cidade, Passeios, Compras, Dinheiro, Casa, Lar, Escritório, Trabalho no Escritório, Importação & Exportação, Marketing, Pesquisa de Emprego, Desportos, Educação, Computador, Internet, Ferramentas, Natureza, Países, Nacionalidades e muito mais ...

TABELA DE CONTEÚDOS

Guia de pronunciação	9
Abreviaturas	10

CONCEITOS BÁSICOS	11
Conceitos básicos. Parte 1	11
1. Pronomes	11
2. Cumprimentos. Saudações. Despedidas	11
3. Como se dirigir a alguém	12
4. Números cardinais. Parte 1	12
5. Números cardinais. Parte 2	13
6. Números ordinais	14
7. Números. Frações	14
8. Números. Operações básicas	14
9. Números. Diversos	15
10. Os verbos mais importantes. Parte 1	15
11. Os verbos mais importantes. Parte 2	16
12. Os verbos mais importantes. Parte 3	17
13. Os verbos mais importantes. Parte 4	18
14. Cores	19
15. Questões	19
16. Preposições	20
17. Palavras funcionais. Advérbios. Parte 1	20
18. Palavras funcionais. Advérbios. Parte 2	22

Conceitos básicos. Parte 2	24
19. Dias da semana	24
20. Horas. Dia e noite	24
21. Meses. Estações	25
22. Unidades de medida	27
23. Recipientes	28

O SER HUMANO	29
O ser humano. O corpo	29
24. Cabeça	29
25. Corpo humano	30

Vestuário & Acessórios	31
26. Roupa exterior. Casacos	31
27. Vestuário de homem & mulher	31

28. Vestuário. Roupa interior 32
29. Adereços de cabeça 32
30. Calçado 32
31. Acessórios pessoais 33
32. Vestuário. Diversos 33
33. Cuidados pessoais. Cosméticos 34
34. Relógios de pulso. Relógios 35

Alimentação. Nutrição 36

35. Comida 36
36. Bebidas 37
37. Vegetais 38
38. Frutos. Nozes 39
39. Pão. Bolaria 40
40. Pratos cozinhados 40
41. Especiarias 41
42. Refeições 42
43. Por a mesa 43
44. Restaurante 43

Família, parentes e amigos 44

45. Informação pessoal. Formulários 44
46. Membros da família. Parentes 44

Medicina 46

47. Doenças 46
48. Sintomas. Tratamentos. Parte 1 47
49. Sintomas. Tratamentos. Parte 2 48
50. Sintomas. Tratamentos. Parte 3 49
51. Médicos 50
52. Medicina. Drogas. Acessórios 50

HABITAT HUMANO 52
Cidade 52

53. Cidade. Vida na cidade 52
54. Instituições urbanas 53
55. Sinais 54
56. Transportes urbanos 55
57. Turismo 56
58. Compras 57
59. Dinheiro 58
60. Correios. Serviço postal 59

Moradia. Casa. Lar 60

61. Casa. Eletricidade 60

62.	Moradia. Mansão	60
63.	Apartamento	60
64.	Mobiliário. Interior	61
65.	Quarto de dormir	62
66.	Cozinha	62
67.	Casa de banho	63
68.	Eletrodomésticos	64

ATIVIDADES HUMANAS		**65**
Emprego. Negócios. Parte 1		**65**
69.	Escritório. O trabalho no escritório	65
70.	Processos negociais. Parte 1	66
71.	Processos negociais. Parte 2	67
72.	Produção. Trabalhos	68
73.	Contrato. Acordo	69
74.	Importação & Exportação	70
75.	Finanças	70
76.	Marketing	71
77.	Publicidade	72
78.	Banca	72
79.	Telefone. Conversação telefónica	73
80.	Telefone móvel	74
81.	Estacionário	74
82.	Tipos de negócios	75

Emprego. Negócios. Parte 2		**77**
83.	Espetáculo. Feira	77
84.	Ciência. Investigação. Cientistas	78

Profissões e ocupações		**80**
85.	Procura de emprego. Demissão	80
86.	Gente de negócios	80
87.	Profissões de serviços	81
88.	Profissões militares e postos	82
89.	Oficiais. Padres	83
90.	Profissões agrícolas	83
91.	Profissões artísticas	84
92.	Várias profissões	84
93.	Ocupações. Estatuto social	86

Educação		**87**
94.	Escola	87
95.	Colégio. Universidade	88
96.	Ciências. Disciplinas	89
97.	Sistema de escrita. Ortografia	89
98.	Línguas estrangeiras	90

Descanso. Entretenimento. Viagens 92

99. Viagens 92
100. Hotel 92

EQUIPAMENTO TÉCNICO. TRANSPORTES 94
Equipamento técnico. Transportes 94

101. Computador 94
102. Internet. E-mail 95
103. Eletricidade 96
104. Ferramentas 96

Transportes 99

105. Avião 99
106. Comboio 100
107. Barco 101
108. Aeroporto 102

Eventos 104

109. Férias. Evento 104
110. Funerais. Enterro 105
111. Guerra. Soldados 105
112. Guerra. Ações militares. Parte 1 106
113. Guerra. Ações militares. Parte 2 108
114. Armas 109
115. Povos da antiguidade 111
116. Idade média 111
117. Líder. Chefe. Autoridades 113
118. Viloação da lei. Criminosos. Parte 1 114
119. Viloação da lei. Criminosos. Parte 2 115
120. Polícia. Lei. Parte 1 116
121. Polícia. Lei. Parte 2 117

NATUREZA 119
A Terra. Parte 1 119

122. Espaço sideral 119
123. A Terra 120
124. Pontos cardeais 121
125. Mar. Oceano 121
126. Nomes de Mares e Oceanos 122
127. Montanhas 123
128. Nomes de montanhas 124
129. Rios 124
130. Nomes de rios 125
131. Floresta 125
132. Recursos naturais 126

A Terra. Parte 2 128

133. Tempo 128
134. Tempo extremo. Catástrofes naturais 129

Fauna 130

135. Mamíferos. Predadores 130
136. Animais selvagens 130
137. Animais domésticos 131
138. Pássaros 132
139. Peixes. Animais marinhos 134
140. Amfíbios. Répteis 134
141. Insetos 135

Flora 136

142. Árvores 136
143. Arbustos 136
144. Frutos. Bagas 137
145. Flores. Plantas 138
146. Cereais, grãos 139

PAÍSES. NACIONALIDADES 140

147. Europa Ocidental 140
148. Europa Central e de Leste 140
149. Países da ex-URSS 141
150. Asia 141
151. América do Norte 142
152. América Central do Sul 142
153. Africa 142
154. Austrália. Oceania 143
155. Cidades 143

GUIA DE PRONUNCIAÇÃO

Nome da letra	Letra	Exemplo Hebraico	Alfabeto fonético T&P	Exemplo Português
Aleph	א	אריה	[ɑ], [ɑː]	amar
	א	אחד	[ɛ], [ɛː]	mover
	א	מָאָה	['] (hamza)	oclusiva glotal
Bet	ב	בית	[b]	barril
Guímel	ג	גמל	[g]	gosto
Guímel+geresh	ג'	ג'ונגל	[ʤ]	adjetivo
Dalet	ד	דג	[d]	dentista
He	ה	הר	[h]	[h] aspirada
Waw	ו	וסת	[v]	fava
Zayin	ז	זאב	[z]	sésamo
Zayin+geresh	ז'	ז'ורנל	[ʒ]	talvez
Het	ח	חוט	[x]	fricativa uvular surda
Tet	ט	טוב	[t]	tulipa
Yod	י	יום	[j]	géiser
Kaph	ך כ	כריש	[k]	kiwi
Lamed	ל	לחם	[l]	libra
Mem	ם מ	מלך	[m]	magnólia
Nun	ן נ	נר	[n]	natureza
Samek	ס	סוס	[s]	sanita
Ayin	ע	עין	[ɑ], [ɑː]	amar
	ע	תשעים	['] (ayn)	fricativa faringea sonora
Pe	ף פ	פיל	[p]	presente
Tsade	ץ צ	צעצוע	[ts]	tsé-tsé
Tsade+geresh	צ'ץ'	צ'ק	[ʧ]	Tchau!
Qoph	ק	קוף	[k]	kiwi
Resh	ר	רכבת	[r]	[r] vibrante
Shin	ש	שלחן, עֲשָׂרִים	[s], [ʃ]	sanita, mês
Tav	ת	תפוז	[t]	tulipa

ABREVIATURAS
usadas no vocabulário

Abreviaturas do Português

adj	-	adjetivo
adv	-	advérbio
anim.	-	animado
conj.	-	conjunção
desp.	-	desporto
etc.	-	etecetra
ex.	-	por exemplo
f	-	nome feminino
f pl	-	feminino plural
fem.	-	feminino
inanim.	-	inanimado
m	-	nome masculino
m pl	-	masculino plural
m, f	-	masculino, feminino
masc.	-	masculino
mat.	-	matemática
mil.	-	militar
pl	-	plural
prep.	-	preposição
pron.	-	pronome
sb.	-	sobre
sing.	-	singular
v aux	-	verbo auxiliar
vi	-	verbo intransitivo
vi, vt	-	verbo intransitivo, transitivo
vr	-	verbo reflexivo
vt	-	verbo transitivo

Abreviaturas do Hebraico

ז	-	masculino
ז"ר	-	masculino plural
ז, נ	-	masculino, feminino
נ	-	feminino
נ"ר	-	feminino plural

CONCEITOS BÁSICOS

Conceitos básicos. Parte 1

1. Pronomes

eu	ani	אֲנִי (ז, נ)
tu (masc.)	ata	אַתָּה (ז)
tu (fem.)	at	אַתְּ (נ)
ele	hu	הוּא (ז)
ela	hi	הִיא (נ)
nós	a'naxnu	אֲנַחְנוּ (ז, נ)
vocês (masc.)	atem	אַתֶּם (ז"ר)
vocês (fem.)	aten	אַתֶּן (נ"ר)
você (sing.)	ata, at	אַתָּה (ז), אַתְּ (נ)
você (pl)	atem, aten	אַתֶּם (ז"ר), אַתֶּן (נ"ר)
eles	hem	הֵם (ז"ר)
elas	hen	הֵן (נ"ר)

2. Cumprimentos. Saudações. Despedidas

Olá!	ʃalom!	שָׁלוֹם!
Bom dia! (formal)	ʃalom!	שָׁלוֹם!
Bom dia! (de manhã)	'boker tov!	בּוֹקֶר טוֹב!
Boa tarde!	tsaha'rayim tovim!	צָהֳרַיִים טוֹבִים!
Boa noite!	'erev tov!	עֶרֶב טוֹב!
cumprimentar (vt)	lomar ʃalom	לוֹמַר שָׁלוֹם
Olá!	hai!	הַיי!
saudação (f)	ahlan	אַהֲלָן
saudar (vt)	lomar ʃalom	לוֹמַר שָׁלוֹם
Como vai?	ma ʃlomxa?	מַה שְׁלוֹמְךָ? (ז)
Como vais?	ma niʃma?	מַה נִשְׁמָע?
O que há de novo?	ma xadaʃ?	מַה חָדָשׁ?
Adeus! (formal)	lehitra'ot!	לְהִתְרָאוֹת!
Até à vista! (informal)	bai!	בַּיי!
Até breve!	lehitra'ot bekarov!	לְהִתְרָאוֹת בְּקָרוֹב!
Adeus!	lehitra'ot!	לְהִתְרָאוֹת!
despedir-se (vr)	lomar lehitra'ot	לוֹמַר לְהִתְרָאוֹת
Até logo!	bai!	בַּיי!
Obrigado! -a!	toda!	תּוֹדָה!
Muito obrigado! -a!	toda raba!	תּוֹדָה רַבָּה!
De nada	bevakaʃa	בְּבַקָשָׁה

Não tem de quê	al lo davar	עַל לֹא דָּבָר
De nada	ein be'ad ma	אֵין בְּעַד מָה
Desculpa!	slixa!	סְלִיחָה!
Desculpe!	slixa!	סְלִיחָה!
desculpar (vt)	lis'loax	לִסְלוֹחַ
desculpar-se (vr)	lehitnatsel	לְהִתְנַצֵּל
As minhas desculpas	ani mitnatsel, ani mitna'tselet	אֲנִי מִתְנַצֵּל (ז), אֲנִי מִתְנַצֶּלֶת (נ)
Desculpe!	ani mitsta'er, ani mitsta"eret	אֲנִי מִצְטַעֵר (ז), אֲנִי מִצְטַעֶרֶת (נ)
perdoar (vt)	lis'loax	לִסְלוֹחַ
Não faz mal	lo nora	לֹא נוֹרָא
por favor	bevakaʃa	בְּבַקָּשָׁה
Não se esqueça!	al tiʃkax!	אַל תִּשְׁכַּח! (ז)
Certamente! Claro!	'betax!	בֶּטַח!
Claro que não!	'betax ʃelo!	בֶּטַח שֶׁלֹּא!
Está bem! De acordo!	okei!	אוֹקֵיי!
Basta!	maspik!	מַסְפִּיק!

3. Como se dirigir a alguém

Desculpe (para chamar a atenção)	slixa!	סְלִיחָה!
senhor	adon	אָדוֹן
senhora	gvirti	גְּבִרְתִּי
rapariga	'gveret	גְּבֶרֶת
rapaz	baxur tsa'ir	בָּחוּר צָעִיר
menino	'yeled	יֶלֶד
menina	yalda	יַלְדָּה

4. Números cardinais. Parte 1

zero	'efes	אֶפֶס (ז)
um	exad	אֶחָד (ז)
uma	axat	אַחַת (נ)
dois	'ʃtayim	שְׁתַּיִם (נ)
três	ʃaloʃ	שָׁלוֹשׁ (נ)
quatro	arba	אַרְבַּע (נ)
cinco	xameʃ	חָמֵשׁ (נ)
seis	ʃeʃ	שֵׁשׁ (נ)
sete	'ʃeva	שֶׁבַע (נ)
oito	'ʃmone	שְׁמוֹנֶה (נ)
nove	'teʃa	תֵּשַׁע (נ)
dez	'eser	עֶשֶׂר (נ)
onze	axat esre	אַחַת-עֶשְׂרֵה (נ)
doze	ʃteim esre	שְׁתֵּים-עֶשְׂרֵה (נ)
treze	ʃloʃ esre	שְׁלוֹשׁ-עֶשְׂרֵה (נ)
catorze	arba esre	אַרְבַּע-עֶשְׂרֵה (נ)
quinze	xameʃ esre	חָמֵשׁ-עֶשְׂרֵה (נ)

dezasseis	ʃeʃ esre	שֵׁשׁ־עֶשְׂרֵה (נ)
dezassete	ʃva esre	שְׁבַע־עֶשְׂרֵה (נ)
dezoito	ʃmone esre	שְׁמוֹנָה־עֶשְׂרֵה (נ)
dezanove	tʃa esre	תְּשַׁע־עֶשְׂרֵה (נ)
vinte	esrim	עֶשְׂרִים
vinte e um	esrim ve'eχad	עֶשְׂרִים וְאֶחָד
vinte e dois	esrim u'ʃnayim	עֶשְׂרִים וּשְׁנַיִים
vinte e três	esrim uʃloʃa	עֶשְׂרִים וּשְׁלוֹשָׁה
trinta	ʃloʃim	שְׁלוֹשִׁים
trinta e um	ʃloʃim ve'eχad	שְׁלוֹשִׁים וְאֶחָד
trinta e dois	ʃloʃim u'ʃnayim	שְׁלוֹשִׁים וּשְׁנַיִים
trinta e três	ʃloʃim uʃloʃa	שְׁלוֹשִׁים וּשְׁלוֹשָׁה
quarenta	arba'im	אַרְבָּעִים
quarenta e um	arba'im ve'eχad	אַרְבָּעִים וְאֶחָד
quarenta e dois	arba'im u'ʃnayim	אַרְבָּעִים וּשְׁנַיִים
quarenta e três	arba'im uʃloʃa	אַרְבָּעִים וּשְׁלוֹשָׁה
cinquenta	χamiʃim	חֲמִישִׁים
cinquenta e um	χamiʃim ve'eχad	חֲמִישִׁים וְאֶחָד
cinquenta e dois	χamiʃim u'ʃnayim	חֲמִישִׁים וּשְׁנַיִים
cinquenta e três	χamiʃim uʃloʃa	חֲמִישִׁים וּשְׁלוֹשָׁה
sessenta	ʃiʃim	שִׁישִׁים
sessenta e um	ʃiʃim ve'eχad	שִׁישִׁים וְאֶחָד
sessenta e dois	ʃiʃim u'ʃnayim	שִׁישִׁים וּשְׁנַיִים
sessenta e três	ʃiʃim uʃloʃa	שִׁישִׁים וּשְׁלוֹשָׁה
setenta	ʃiv'im	שִׁבְעִים
setenta e um	ʃiv'im ve'eχad	שִׁבְעִים וְאֶחָד
setenta e dois	ʃiv'im u'ʃnayim	שִׁבְעִים וּשְׁנַיִים
setenta e três	ʃiv'im uʃloʃa	שִׁבְעִים וּשְׁלוֹשָׁה
oitenta	ʃmonim	שְׁמוֹנִים
oitenta e um	ʃmonim ve'eχad	שְׁמוֹנִים וְאֶחָד
oitenta e dois	ʃmonim u'ʃnayim	שְׁמוֹנִים וּשְׁנַיִים
oitenta e três	ʃmonim uʃloʃa	שְׁמוֹנִים וּשְׁלוֹשָׁה
noventa	tiʃim	תִּשְׁעִים
noventa e um	tiʃim ve'eχad	תִּשְׁעִים וְאֶחָד
noventa e dois	tiʃim u'ʃayim	תִּשְׁעִים וּשְׁנַיִים
noventa e três	tiʃim uʃloʃa	תִּשְׁעִים וּשְׁלוֹשָׁה

5. Números cardinais. Parte 2

cem	'me'a	מֵאָה (נ)
duzentos	ma'tayim	מָאתַיִים
trezentos	ʃloʃ me'ot	שְׁלוֹשׁ מֵאוֹת (נ)
quatrocentos	arba me'ot	אַרְבַּע מֵאוֹת (נ)
quinhentos	χameʃ me'ot	חָמֵשׁ מֵאוֹת (נ)
seiscentos	ʃeʃ me'ot	שֵׁשׁ מֵאוֹת (נ)
setecentos	ʃva me'ot	שְׁבַע מֵאוֹת (נ)

| oitocentos | ʃmone me'ot | שְׁמוֹנֶה מֵאוֹת (נ) |
| novecentos | tʃa me'ot | תֵּשַׁע מֵאוֹת (נ) |

mil	'elef	אֶלֶף (ז)
dois mil	al'payim	אַלְפַּיִים (ז)
De quem são ...?	'ʃloʃet alafim	שְׁלוֹשֶׁת אֲלָפִים (ז)
dez mil	a'seret alafim	עֲשֶׂרֶת אֲלָפִים (ז)
cem mil	'me'a 'elef	מֵאָה אֶלֶף (ז)

| um milhão | milyon | מִילְיוֹן (ז) |
| mil milhões | milyard | מִילְיַארְד (ז) |

6. Números ordinais

primeiro	riʃon	רִאשׁוֹן
segundo	ʃeni	שֵׁנִי
terceiro	ʃliʃi	שְׁלִישִׁי
quarto	revi'i	רְבִיעִי
quinto	xamiʃi	חֲמִישִׁי

sexto	ʃiʃi	שִׁישִׁי
sétimo	ʃvi'i	שְׁבִיעִי
oitavo	ʃmini	שְׁמִינִי
nono	tʃi'i	תְּשִׁיעִי
décimo	asiri	עֲשִׂירִי

7. Números. Frações

fração (f)	'ʃever	שֶׁבֶר (ז)
um meio	'xetsi	חֲצִי (ז)
um terço	ʃliʃ	שְׁלִישׁ (ז)
um quarto	'reva	רֶבַע (ז)

um oitavo	ʃminit	שְׁמִינִית (נ)
um décimo	asirit	עֲשִׂירִית (נ)
dois terços	ʃnei ʃliʃim	שְׁנֵי שְׁלִישִׁים (ז)
três quartos	'ʃloʃet riv'ei	שְׁלוֹשֶׁת רִבְעֵי

8. Números. Operações básicas

subtração (f)	xisur	חִיסוּר (ז)
subtrair (vi, vt)	lexaser	לְחַסֵּר
divisão (f)	xiluk	חִילוּק (ז)
dividir (vt)	lexalek	לְחַלֵּק

adição (f)	xibur	חִיבּוּר (ז)
somar (vt)	lexaber	לְחַבֵּר
adicionar (vt)	lexaber	לְחַבֵּר
multiplicação (f)	'kefel	כֶּפֶל (ז)
multiplicar (vt)	lehaxpil	לְהַכְפִּיל

9. Números. Diversos

algarismo, dígito (m)	sifra	ספרה (נ)
número (m)	mispar	מספר (ז)
numeral (m)	ʃem mispar	שם מספר (ז)
menos (m)	'minus	מינוס (ז)
mais (m)	plus	פלוס (ז)
fórmula (f)	nusχa	נוסחה (נ)
cálculo (m)	χiʃuv	חישוב (ז)
contar (vt)	lispor	לספור
calcular (vt)	leχaʃev	לחשב
comparar (vt)	lehaʃvot	להשוות
Quanto, -os, -as?	'kama?	כמה?
soma (f)	sχum	סכום (ז)
resultado (m)	totsa'a	תוצאה (נ)
resto (m)	ʃe'erit	שארית (נ)
alguns, algumas ...	'kama	כמה
um pouco de ...	ktsat	קצת
poucos, -as (~ pessoas)	me'at	מעט
um pouco (~ de vinho)	me'at	מעט
resto (m)	ʃe'ar	שאר (ז)
um e meio	eχad va'χetsi	אחד וחצי (ז)
dúzia (f)	tresar	תריסר (ז)
ao meio	'χetsi 'χetsi	חצי חצי
em partes iguais	ʃave beʃave	שווה בשווה
metade (f)	'χetsi	חצי (ז)
vez (f)	'pa'am	פעם (נ)

10. Os verbos mais importantes. Parte 1

abrir (vt)	lif'toaχ	לפתוח
acabar, terminar (vt)	lesayem	לסיים
aconselhar (vt)	leya'ets	לייעץ
adivinhar (vt)	lenaχeʃ	לנחש
advertir (vt)	lehazhir	להזהיר
ajudar (vt)	la'azor	לעזור
alugar (~ um apartamento)	liskor	לשכור
amar (vt)	le'ehov	לאהוב
ameaçar (vt)	le'ayem	לאיים
anotar (escrever)	lirʃom	לרשום
apanhar (vt)	litfos	לתפוס
apressar-se (vr)	lemaher	למהר
arrepender-se (vr)	lehitsta'er	להצטער
assinar (vt)	laχtom	לחתום
atirar, disparar (vi)	lirot	לירות
brincar (vi)	lehitba'deaχ	להתבדח

brincar, jogar (crianças)	lesaχek	לְשַׂחֵק
buscar (vt)	leχapes	לְחַפֵּשׂ
caçar (vi)	latsud	לָצוּד
cair (vi)	lipol	לִיפּוֹל
cavar (vt)	laχpor	לַחְפּוֹר
cessar (vt)	lehafsik	לְהַפְסִיק
chamar (~ por socorro)	likro	לִקְרוֹא
chegar (vi)	leha'gi'a	לְהַגִּיעַ
chorar (vi)	livkot	לִבְכּוֹת
começar (vt)	lehatχil	לְהַתְחִיל
comparar (vt)	lehaʃvot	לְהַשְׁווֹת
compreender (vt)	lehavin	לְהָבִין
concordar (vi)	lehaskim	לְהַסְכִּים
confiar (vt)	liv'toaχ	לִבְטוֹחַ
confundir (equivocar-se)	lehitbalbel	לְהִתְבַּלְבֵּל
conhecer (vt)	lehakir et	לְהַכִּיר אֶת
contar (fazer contas)	lispor	לִסְפּוֹר
contar com (esperar)	lismoχ al	לִסְמוֹךְ עַל
continuar (vt)	lehamʃiχ	לְהַמְשִׁיךְ
controlar (vt)	liʃlot	לִשְׁלוֹט
convidar (vt)	lehazmin	לְהַזְמִין
correr (vi)	laruts	לָרוּץ
criar (vt)	litsor	לִיצוֹר
custar (vt)	la'alot	לַעֲלוֹת

11. Os verbos mais importantes. Parte 2

dar (vt)	latet	לָתֵת
dar uma dica	lirmoz	לִרְמוֹז
decorar (enfeitar)	lekaʃet	לְקַשֵּׁט
defender (vt)	lehagen	לְהָגֵן
deixar cair (vt)	lehapil	לְהַפִּיל
descer (para baixo)	la'redet	לָרֶדֶת
desculpar (vt)	lis'loaχ	לִסְלוֹחַ
desculpar-se (vr)	lehitnatsel	לְהִתְנַצֵּל
dirigir (~ uma empresa)	lenahel	לְנַהֵל
discutir (notícias, etc.)	ladun	לָדוּן
dizer (vt)	lomar	לוֹמַר
duvidar (vt)	lefakpek	לְפַקְפֵּק
encontrar (achar)	limtso	לִמְצוֹא
enganar (vt)	leramot	לְרַמּוֹת
entrar (na sala, etc.)	lehikanes	לְהִיכָּנֵס
enviar (uma carta)	liʃ'loaχ	לִשְׁלוֹחַ
errar (equivocar-se)	lit'ot	לִטְעוֹת
escolher (vt)	livχor	לִבְחוֹר
esconder (vt)	lehastir	לְהַסְתִּיר
escrever (vt)	liχtov	לִכְתּוֹב

esperar (o autocarro, etc.)	lehamtin	לְהַמְתִּין
esperar (ter esperança)	lekavot	לְקַוּוֹת
esquecer (vt)	liʃkoax	לִשְׁכּוֹחַ
estar (vi)	lihyot	לִהְיוֹת
estudar (vt)	lilmod	לִלְמוֹד
exigir (vt)	lidroʃ	לִדְרוֹשׁ
existir (vi)	lehitkayem	לְהִתְקַיֵּים
explicar (vt)	lehasbir	לְהַסְבִּיר
falar (vi)	ledaber	לְדַבֵּר
faltar (clases, etc.)	lehaxsir	לְהַחְסִיר
fazer (vt)	la'asot	לַעֲשׂוֹת
ficar em silêncio	liʃtok	לִשְׁתּוֹק
gabar-se, jactar-se (vr)	lehitravrev	לְהִתְרַבְרֵב
gritar (vi)	lits'ok	לִצְעוֹק
guardar (cartas, etc.)	liʃmor	לִשְׁמוֹר
informar (vt)	leho'dia	לְהוֹדִיעַ
insistir (vi)	lehit'akeʃ	לְהִתְעַקֵּשׁ
insultar (vt)	leha'aliv	לְהַעֲלִיב
interessar-se (vr)	lehit'anyen be...	לְהִתְעַנְיֵין בְּ...
ir (a pé)	la'lexet	לָלֶכֶת
ir nadar	lehitraxets	לְהִתְרַחֵץ
jantar (vi)	le'exol aruxat 'erev	לֶאֱכוֹל אֲרוּחַת עֶרֶב

12. Os verbos mais importantes. Parte 3

ler (vt)	likro	לִקְרוֹא
libertar (cidade, etc.)	leʃaxrer	לְשַׁחְרֵר
matar (vt)	laharog	לַהֲרוֹג
mencionar (vt)	lehazkir	לְהַזְכִּיר
mostrar (vt)	lehar'ot	לְהַרְאוֹת
mudar (modificar)	leʃanot	לְשַׁנּוֹת
nadar (vi)	lisxot	לִשְׂחוֹת
negar-se a ...	lesarev	לְסָרֵב
objetar (vt)	lehitnaged	לְהִתְנַגֵּד
observar (vt)	litspot, lehaʃkif	לִצְפּוֹת, לְהַשְׁקִיף
ordenar (mil.)	lifkod	לִפְקוֹד
ouvir (vt)	liʃmo'a	לִשְׁמוֹעַ
pagar (vt)	leʃalem	לְשַׁלֵּם
parar (vi)	la'atsor	לַעֲצוֹר
participar (vi)	lehiʃtatef	לְהִשְׁתַּתֵּף
pedir (comida)	lehazmin	לְהַזְמִין
pedir (um favor, etc.)	levakeʃ	לְבַקֵּשׁ
pegar (tomar)	la'kaxat	לָקַחַת
pensar (vt)	laxʃov	לַחְשׁוֹב
perceber (ver)	lasim lev	לָשִׂים לֵב
perdoar (vt)	lis'loax	לִסְלוֹחַ
perguntar (vt)	liʃ'ol	לִשְׁאוֹל

permitir (vt)	leharʃot	לְהַרְשׁוֹת
pertencer a …	lehiʃtayex	לְהִשְׁתַּיֵּךְ
planear (vt)	letaxnen	לְתַכְנֵן
poder (vi)	yaxol	יָכוֹל
possuir (vt)	lihyot 'ba'al ʃel	לִהְיוֹת בַּעַל שֶׁל
preferir (vt)	leha'adif	לְהַעֲדִיף
preparar (vt)	levaʃel	לְבַשֵּׁל
prever (vt)	laxazot	לַחֲזוֹת
prometer (vt)	lehav'tiax	לְהַבְטִיחַ
pronunciar (vt)	levate	לְבַטֵּא
propor (vt)	leha'tsi'a	לְהַצִּיעַ
punir (castigar)	leha'aniʃ	לְהַעֲנִישׁ

13. Os verbos mais importantes. Parte 4

quebrar (vt)	liʃbor	לִשְׁבּוֹר
queixar-se (vr)	lehitlonen	לְהִתְלוֹנֵן
querer (desejar)	lirtsot	לִרְצוֹת
recomendar (vt)	lehamlits	לְהַמְלִיץ
repetir (dizer outra vez)	laxazor al	לַחֲזוֹר עַל
repreender (vt)	linzof	לִנְזוֹף
reservar (~ um quarto)	lehazmin meroʃ	לְהַזְמִין מֵרֹאשׁ
responder (vt)	la'anot	לַעֲנוֹת
rezar, orar (vi)	lehitpalel	לְהִתְפַּלֵּל
rir (vi)	litsxok	לִצְחוֹק
roubar (vt)	lignov	לִגְנוֹב
saber (vt)	la'da'at	לָדַעַת
sair (~ de casa)	latset	לָצֵאת
salvar (vt)	lehatsil	לְהַצִּיל
seguir …	la'akov axarei	לַעֲקוֹב אַחֲרֵי
sentar-se (vr)	lehityaʃev	לְהִתְיַישֵׁב
ser (vi)	lihyot	לִהְיוֹת
ser necessário	lehidareʃ	לְהִידָרֵשׁ
significar (vt)	lomar	לוֹמַר
sorrir (vi)	lexayex	לְחַיֵּיךְ
subestimar (vt)	leham'it be"erex	לְהַמְעִיט בְּעֶרֶךְ
surpreender-se (vr)	lehitpale	לְהִתְפַּלֵּא
tentar (vt)	lenasot	לְנַסּוֹת
ter (vt)	lehaxzik	לְהַחְזִיק
ter fome	lihyot ra'ev	לִהְיוֹת רָעֵב
ter medo	lefaxed	לְפַחֵד
ter sede	lihyot tsame	לִהְיוֹת צָמֵא
tocar (com as mãos)	la'ga'at	לָגַעַת
tomar o pequeno-almoço	le'exol aruxat 'boker	לֶאֱכוֹל אֲרוּחַת בּוֹקֶר
trabalhar (vi)	la'avod	לַעֲבוֹד
traduzir (vt)	letargem	לְתַרְגֵּם

unir (vt)	le'axed	לְאַחֵד
vender (vt)	limkor	לִמְכּוֹר
ver (vt)	lir'ot	לִרְאוֹת
virar (ex. ~ à direita)	lifnot	לִפְנוֹת
voar (vi)	la'uf	לָעוּף

14. Cores

cor (f)	'tseva	צֶבַע (ז)
matiz (m)	gavan	גָּוֶן (ז)
tom (m)	gavan	גָּוֶן (ז)
arco-íris (m)	'keʃet	קֶשֶׁת (נ)
branco	lavan	לָבָן
preto	ʃaxor	שָׁחוֹר
cinzento	afor	אָפוֹר
verde	yarok	יָרוֹק
amarelo	tsahov	צָהוֹב
vermelho	adom	אָדוֹם
azul	kaxol	כָּחוֹל
azul claro	taxol	תְּכוֹל
rosa	varod	וָרוֹד
laranja	katom	כָּתוֹם
violeta	segol	סָגוֹל
castanho	xum	חוּם
dourado	zahov	זָהוֹב
prateado	kasuf	כָּסוּף
bege	beʒ	בֵּז'
creme	be'tseva krem	בְּצֶבַע קְרֵם
turquesa	turkiz	טוּרְקִיז
vermelho cereja	bordo	בּוֹרְדּוֹ
lilás	segol	סָגוֹל
carmesim	patol	פָּטוֹל
claro	bahir	בָּהִיר
escuro	kehe	כֵּהֶה
vivo	bohek	בּוֹהֵק
de cor	tsiv'oni	צִבְעוֹנִי
a cores	tsiv'oni	צִבְעוֹנִי
preto e branco	ʃaxor lavan	שָׁחוֹר-לָבָן
unicolor	xad tsiv'i	חַד-צִבְעִי
multicor	sasgoni	סַסְגּוֹנִי

15. Questões

Quem?	mi?	מִי?
Que?	ma?	מָה?

Onde?	'eifo?	אֵיפֹה?
Para onde?	le'an?	לְאָן?
De onde?	me"eifo?	מֵאֵיפֹה?
Quando?	matai?	מָתַי?
Para quê?	'lama?	לָמָה?
Porquê?	ma'du'a?	מַדוּעַ?
Para quê?	biʃvil ma?	בִּשְׁבִיל מָה?
Como?	eiχ, keitsad?	כֵּיצַד? אֵיךְ?
Qual?	'eize?	אֵיזֶה?
Qual? (entre dois ou mais)	'eize?	אֵיזֶה?
A quem?	lemi?	לְמִי?
Sobre quem?	al mi?	עַל מִי?
Do quê?	al ma?	עַל מָה?
Com quem?	im mi?	עִם מִי?
Quanto, -os, -as?	'kama?	כַּמָה?
De quem?	ʃel mi?	שֶׁל מִי?

16. Preposições

com (prep.)	im	עִם
sem (prep.)	bli, lelo	בְּלִי, לְלֹא
a, para (exprime lugar)	le...	לְ...
sobre (ex. falar ~)	al	עַל
antes de ...	lifnei	לִפְנֵי
diante de ...	lifnei	לִפְנֵי
sob (debaixo de)	mi'taχat le...	מִתַחַת לְ...
sobre (em cima de)	me'al	מֵעַל
sobre (~ a mesa)	al	עַל
de (vir ~ Lisboa)	mi, me	מִ, מֵ
de (feito ~ pedra)	mi, me	מִ, מֵ
dentro de (~ dez minutos)	toχ	תוֹךְ
por cima de ...	'dereχ	דֶּרֶךְ

17. Palavras funcionais. Advérbios. Parte 1

Onde?	'eifo?	אֵיפֹה?
aqui	po, kan	פֹּה, כָּאן
lá, ali	ʃam	שָׁם
em algum lugar	'eifo ʃehu	אֵיפֹה שֶׁהוּא
em lugar nenhum	beʃum makom	בְּשׁוּם מָקוֹם
ao pé de ...	leyad ...	לְיַד ...
ao pé da janela	leyad haχalon	לְיַד הַחַלוֹן
Para onde?	le'an?	לְאָן?
para cá	'hena, lekan	הֵנָה; לְכָאן

para lá	leʃam	לְשָׁם
daqui	mikan	מִכָּאן
de lá, dali	miʃam	מִשָּׁם
perto	karov	קָרוֹב
longe	raχok	רָחוֹק
perto de …	leyad	לְיַד
ao lado de	karov	קָרוֹב
perto, não fica longe	lo raχok	לֹא רָחוֹק
esquerdo	smali	שְׂמָאלִי
à esquerda	mismol	מִשְּׂמֹאל
para esquerda	'smola	שְׂמֹאלָה
direito	yemani	יְמָנִי
à direita	miyamin	מִיָּמִין
para direita	ya'mina	יָמִינָה
à frente	mika'dima	מִקָּדִימָה
da frente	kidmi	קִדְמִי
em frente (para a frente)	ka'dima	קָדִימָה
atrás de …	me'aχor	מֵאָחוֹר
por detrás (vir ~)	me'aχor	מֵאָחוֹר
para trás	a'χora	אֲחוֹרָה
meio (m), metade (f)	'emtsa	אֶמְצַע (ז)
no meio	ba''emtsa	בָּאֶמְצַע
de lado	mehatsad	מֵהַצַּד
em todo lugar	beχol makom	בְּכָל מָקוֹם
ao redor (olhar ~)	misaviv	מִסָּבִיב
de dentro	mibifnim	מִבִּפְנִים
para algum lugar	le'an ʃehu	לְאָן שֶׁהוּא
diretamente	yaʃar	יָשָׁר
de volta	baχazara	בַּחֲזָרָה
de algum lugar	me'ei ʃam	מֵאֵי שָׁם
de um lugar	me'ei ʃam	מֵאֵי שָׁם
em primeiro lugar	reʃit	רֵאשִׁית
em segundo lugar	ʃenit	שֵׁנִית
em terceiro lugar	ʃliʃit	שְׁלִישִׁית
de repente	pit'om	פִּתְאוֹם
no início	behatslaχa	בַּהַתְחָלָה
pela primeira vez	lariʃona	לָרִאשׁוֹנָה
muito antes de …	zman rav lifnei …	זְמַן רַב לִפְנֵי …
de novo, novamente	meχadaʃ	מֵחָדָשׁ
para sempre	letamid	לְתָמִיד
nunca	af 'pa'am, me'olam	מֵעוֹלָם, אַף פַּעַם
de novo	ʃuv	שׁוּב
agora	aχʃav, ka'et	עַכְשָׁיו, כָּעֵת

frequentemente	le'itim krovot	לְעִיתִים קְרוֹבוֹת
então	az	אָז
urgentemente	bidχifut	בִּדְחִיפוּת
usualmente	be'dereχ klal	בְּדֶרֶךְ כְּלָל
a propósito, …	'dereχ 'agav	דֶּרֶךְ אַגָּב
é possível	efʃari	אֶפְשָׁרִי
provavelmente	kanir'e	כַּנִּרְאֶה
talvez	ulai	אוּלַי
além disso, …	χuts mize …	חוּץ מִזֶּה …
por isso …	laχen	לָכֵן
apesar de …	lamrot …	לַמְרוֹת …
graças a …	hodot le…	הוֹדוֹת לְ…
que (pron.)	ma	מָה
que (conj.)	ʃe	שֶׁ
algo	'maʃehu	מַשֶּׁהוּ
alguma coisa	'maʃehu	מַשֶּׁהוּ
nada	klum	כְּלוּם
quem	mi	מִי
alguém (~ teve uma ideia …)	'miʃehu, 'miʃehi	מִישֶׁהוּ (ז), מִישֶׁהִי (נ)
alguém	'miʃehu, 'miʃehi	מִישֶׁהוּ (ז), מִישֶׁהִי (נ)
ninguém	af eχad, af aχat	אַף אֶחָד (ז), אַף אַחַת (נ)
para lugar nenhum	leʃum makom	לְשׁוּם מָקוֹם
de ninguém	lo ʃayaχ le'af eχad	לֹא שַׁיָּךְ לְאַף אֶחָד
de alguém	ʃel 'miʃehu	שֶׁל מִישֶׁהוּ
tão	kol kaχ	כָּל־כָּךְ
também (gostaria ~ de …)	gam	גַּם
também (~ eu)	gam	גַּם

18. Palavras funcionais. Advérbios. Parte 2

Porquê?	ma'du'a?	מַדּוּעַ?
por alguma razão	miʃum ma	מִשּׁוּם־מָה
porque …	miʃum ʃe	מִשּׁוּם שֶׁ
por qualquer razão	lematara 'kolʃehi	לְמַטָּרָה כָּלְשֶׁהִי
e (tu ~ eu)	ve …	וְ …
ou (ser ~ não ser)	o	אוֹ
mas (porém)	aval, ulam	אֲבָל, אוּלָם
para (~ a minha mãe)	biʃvil	בִּשְׁבִיל
demasiado, muito	yoter midai	יוֹתֵר מִדַּי
só, somente	rak	רַק
exatamente	bediyuk	בְּדִיּוּק
cerca de (~ 10 kg)	be"ereχ	בְּעֵרֶךְ
aproximadamente	be"ereχ	בְּעֵרֶךְ
aproximado	meʃo'ar	מְשׁוֹעָר
quase	kim'at	כִּמְעַט
resto (m)	ʃe'ar	שְׁאָר (ז)

o outro (segundo)	aχer	אַחֵר
outro	aχer	אַחֵר
cada	kol	כֹּל
qualquer	kolʃehu	כָּלשֶׁהוּ
muitos, muitas	harbe	הַרבֵּה
muito	harbe	הַרבֵּה
muitas pessoas	harbe	הַרבֵּה
todos	kulam	כּוּלָם
em troca de …	tmurat …	תמוּרַת …
em troca	bitmura	בִּתמוּרָה
à mão	bayad	בְּיָד
pouco provável	safek im	סָפֵק אִם
provavelmente	karov levadai	קָרוֹב לְוַודַאי
de propósito	'davka	דַווקָא
por acidente	bemikre	בְּמִקרֶה
muito	me'od	מְאוֹד
por exemplo	lemaʃal	לְמָשָׁל
entre	bein	בֵּין
entre (no meio de)	be'kerev	בְּקֶרֶב
tanto	kol kaχ harbe	כָּל־כָּך הַרבֵּה
especialmente	bimyuχad	בִּמיוּחָד

Conceitos básicos. Parte 2

19. Dias da semana

segunda-feira (f)	yom ʃeni	יוֹם שֵׁנִי (ז)
terça-feira (f)	yom ʃliʃi	יוֹם שְׁלִישִׁי (ז)
quarta-feira (f)	yom revi'i	יוֹם רְבִיעִי (ז)
quinta-feira (f)	yom xamiʃi	יוֹם חֲמִישִׁי (ז)
sexta-feira (f)	yom ʃiʃi	יוֹם שִׁישִׁי (ז)
sábado (m)	ʃabat	שַׁבָּת (נ)
domingo (m)	yom riʃon	יוֹם רִאשׁוֹן (ז)
hoje	hayom	הַיּוֹם
amanhã	maxar	מָחָר
depois de amanhã	maxara'tayim	מָחֳרָתַיִים
ontem	etmol	אֶתְמוֹל
anteontem	ʃilʃom	שִׁלְשׁוֹם
dia (m)	yom	יוֹם (ז)
dia (m) de trabalho	yom avoda	יוֹם עֲבוֹדָה (ז)
feriado (m)	yom xag	יוֹם חַג (ז)
dia (m) de folga	yom menuxa	יוֹם מְנוּחָה (ז)
fim (m) de semana	sof ʃa'vu'a	סוֹף שָׁבוּעַ
o dia todo	kol hayom	כָּל הַיּוֹם
no dia seguinte	lamaxarat	לַמָחֳרָת
há dois dias	lifnei yo'mayim	לִפְנֵי יוֹמַיִים
na véspera	'erev	עֶרֶב
diário	yomyomi	יוֹמִיוֹמִי
todos os dias	midei yom	מִדֵי יוֹם
semana (f)	ʃa'vua	שָׁבוּעַ (ז)
na semana passada	baʃa'vu'a ʃe'avar	בַּשָׁבוּעַ שֶׁעָבַר
na próxima semana	baʃa'vu'a haba	בַּשָׁבוּעַ הַבָּא
semanal	ʃvu'i	שְׁבוּעִי
cada semana	kol ʃa'vu'a	כָּל שָׁבוּעַ
duas vezes por semana	pa'a'mayim beʃa'vu'a	פַּעֲמַיִים בְּשָׁבוּעַ
cada terça-feira	kol yom ʃliʃi	כָּל יוֹם שְׁלִישִׁי

20. Horas. Dia e noite

manhã (f)	'boker	בּוֹקֶר (ז)
de manhã	ba'boker	בַּבּוֹקֶר
meio-dia (m)	tsaha'rayim	צָהֳרַיִים (ד"ר)
à tarde	axar hatsaha'rayim	אַחַר הַצָהֳרַיִים
noite (f)	'erev	עֶרֶב (ז)
à noite (noitinha)	ba''erev	בָּעֶרֶב

noite (f)	'laila	לַיְלָה (ז)
à noite	ba'laila	בַּלַּיְלָה
meia-noite (f)	χatsot	חֲצוֹת (נ)

segundo (m)	ʃniya	שְׁנִיָּה (נ)
minuto (m)	daka	דַּקָּה (נ)
hora (f)	ʃa'a	שָׁעָה (נ)
meia hora (f)	χatsi ʃa'a	חֲצִי שָׁעָה (נ)
quarto (m) de hora	'reva ʃa'a	רֶבַע שָׁעָה (ז)
quinze minutos	χameʃ esre dakot	חָמֵשׁ עֶשְׂרֵה דַּקוֹת
vinte e quatro horas	yemama	יְמָמָה (נ)

nascer (m) do sol	zriχa	זְרִיחָה (נ)
amanhecer (m)	'ʃaχar	שַׁחַר (ז)
madrugada (f)	'ʃaχar	שַׁחַר (ז)
pôr do sol (m)	ʃki'a	שְׁקִיעָה (נ)

de madrugada	mukdam ba'boker	מוּקְדָּם בַּבּוֹקֶר
hoje de manhã	ha'boker	הַבּוֹקֶר
amanhã de manhã	maχar ba'boker	מָחָר בַּבּוֹקֶר

hoje à tarde	hayom aχarei hatsaha'rayim	הַיּוֹם אַחֲרֵי הַצָּהֳרַיִים
à tarde	aχar hatsaha'rayim	אַחַר הַצָּהֳרַיִים
amanhã à tarde	maχar aχarei hatsaha'rayim	מָחָר אַחֲרֵי הַצָּהֳרַיִים

hoje à noite	ha''erev	הָעֶרֶב
amanhã à noite	maχar ba''erev	מָחָר בָּעֶרֶב

às três horas em ponto	baʃa'a ʃaloʃ bediyuk	בְּשָׁעָה שָׁלוֹשׁ בְּדִיּוּק
por volta das quatro	bisvivot arba	בִּסְבִיבוֹת אַרְבַּע
às doze	ad ʃteim esre	עַד שְׁתֵּים־עֶשְׂרֵה

dentro de vinte minutos	be'od esrim dakot	בְּעוֹד עֶשְׂרִים דַּקוֹת
dentro duma hora	be'od ʃa'a	בְּעוֹד שָׁעָה
a tempo	bazman	בַּזְּמַן

menos um quarto	'reva le	רֶבַע לְ...
durante uma hora	toχ ʃa'a	תּוֹךְ שָׁעָה
a cada quinze minutos	kol 'reva ʃa'a	כָּל רֶבַע שָׁעָה
as vinte e quatro horas	misaviv laʃa'on	מִסָּבִיב לַשָּׁעוֹן

21. Meses. Estações

janeiro (m)	'yanu'ar	יָנוּאָר (ז)
fevereiro (m)	'febru'ar	פֶבְּרוּאָר (ז)
março (m)	merts	מֶרְץ (ז)
abril (m)	april	אַפְּרִיל (ז)
maio (m)	mai	מָאי (ז)
junho (m)	'yuni	יוּנִי (ז)
julho (m)	'yuli	יוּלִי (ז)
agosto (m)	'ogust	אוֹגוּסְט (ז)
setembro (m)	sep'tember	סֶפְּטֶמְבֶּר (ז)
outubro (m)	ok'tober	אוֹקְטוֹבֶּר (ז)

novembro (m)	no'vember	נוֹבֶמבֶּר (ז)
dezembro (m)	de'tsember	דֶצֶמבֶּר (ז)
primavera (f)	aviv	אָבִיב (ז)
na primavera	ba'aviv	בָּאָבִיב
primaveril	avivi	אָבִיבִי
verão (m)	'kayits	קַיִץ (ז)
no verão	ba'kayits	בַּקַיִץ
de verão	ketsi	קֵיצִי
outono (m)	stav	סתָיו (ז)
no outono	bestav	בְּסתָיו
outonal	stavi	סתָווִי
inverno (m)	'χoref	חוֹרֶף (ז)
no inverno	ba'χoref	בַּחוֹרֶף
de inverno	χorpi	חוֹרפִּי
mês (m)	'χodeʃ	חוֹדֶש (ז)
este mês	ha'χodeʃ	הַחוֹדֶש
no próximo mês	ba'χodeʃ haba	בַּחוֹדֶש הַבָּא
no mês passado	ba'χodeʃ ʃe'avar	בַּחוֹדֶש שֶעָבַר
há um mês	lifnei 'χodeʃ	לִפנֵי חוֹדֶש
dentro de um mês	be'od 'χodeʃ	בְּעוֹד חוֹדֶש
dentro de dois meses	be'od χod'ʃayim	בְּעוֹד חוֹדשַיִים
todo o mês	kol ha'χodeʃ	כָּל הַחוֹדֶש
um mês inteiro	kol ha'χodeʃ	כָּל הַחוֹדֶש
mensal	χodʃi	חוֹדשִי
mensalmente	χodʃit	חוֹדשִית
cada mês	kol 'χodeʃ	כָּל חוֹדֶש
duas vezes por mês	pa'a'mayim be'χodeʃ	פַּעֲמַיִים בְּחוֹדֶש
ano (m)	ʃana	שָנָה (נ)
este ano	haʃana	הַשָנָה
no próximo ano	baʃana haba'a	בְּשָנָה הַבָּאָה
no ano passado	baʃana ʃe'avra	בְּשָנָה שֶעָברָה
há um ano	lifnei ʃana	לִפנֵי שָנָה
dentro dum ano	be'od ʃana	בְּעוֹד שָנָה
dentro de 2 anos	be'od ʃna'tayim	בְּעוֹד שנָתַיִים
todo o ano	kol haʃana	כָּל הַשָנָה
um ano inteiro	kol haʃana	כָּל הַשָנָה
cada ano	kol ʃana	כָּל שָנָה
anual	ʃnati	שנָתִי
anualmente	midei ʃana	מִדֵי שָנָה
quatro vezes por ano	arba pa'amim be'χodeʃ	אַרבַּע פְּעָמִים בְּחוֹדֶש
data (~ de hoje)	ta'ariχ	תַאֲרִיך (ז)
data (ex. ~ de nascimento)	ta'ariχ	תַאֲרִיך (ז)
calendário (m)	'luaχ ʃana	לוּח שָנָה (ז)
meio ano	χatsi ʃana	חֲצִי שָנָה (ז)
seis meses	ʃiʃa χodaʃim, χatsi ʃana	חֲצִי שָנָה, שִישָה חוֹדָשִים

estação (f)	ona	עוֹנָה (נ)
século (m)	'me'a	מֵאָה (נ)

22. Unidades de medida

peso (m)	miʃkal	מִשְׁקָל (ז)
comprimento (m)	'oreχ	אוֹרֶךְ (ז)
largura (f)	'roχav	רוֹחַב (ז)
altura (f)	'gova	גּוֹבַהּ (ז)
profundidade (f)	'omek	עוֹמֶק (ז)
volume (m)	'nefaχ	נֶפַח (ז)
área (f)	ʃetaχ	שֶׁטַח (ז)

grama (m)	gram	גְּרָם (ז)
miligrama (m)	miligram	מִילִיגְרָם (ז)
quilograma (m)	kilogram	קִילוֹגְרָם (ז)
tonelada (f)	ton	טוֹן (ז)
libra (453,6 gramas)	'pa'und	פָּאוּנְד (ז)
onça (f)	'unkiya	אוּנְקִיָה (נ)

metro (m)	'meter	מֶטֶר (ז)
milímetro (m)	mili'meter	מִילִימֶטֶר (ז)
centímetro (m)	senti'meter	סֶנְטִימֶטֶר (ז)
quilómetro (m)	kilo'meter	קִילוֹמֶטֶר (ז)
milha (f)	mail	מַייל (ז)

polegada (f)	intʃ	אִינְץ' (ז)
pé (304,74 mm)	'regel	רֶגֶל (נ)
jarda (914,383 mm)	yard	יַרְד (ז)

metro (m) quadrado	'meter ra'vu'a	מֶטֶר רָבוּעַ (ז)
hectare (m)	hektar	הֶקְטָר (ז)

litro (m)	litr	לִיטֶר (ז)
grau (m)	ma'ala	מַעֲלָה (נ)
volt (m)	volt	וֹולְט (ז)
ampere (m)	amper	אַמְפֵּר (ז)
cavalo-vapor (m)	'koaχ sus	כּוֹחַ סוּס (ז)

quantidade (f)	kamut	כַּמוּת (נ)
um pouco de ...	ktsat ...	קְצָת ...
metade (f)	'χetsi	חֲצִי (ז)

dúzia (f)	tresar	תְּרֵיסָר (ז)
peça (f)	yeχida	יְחִידָה (נ)

dimensão (f)	'godel	גּוֹדֶל (ז)
escala (f)	kne mida	קְנֵה מִידָה (ז)

mínimo	mini'mali	מִינִימָאלִי
menor, mais pequeno	hakatan beyoter	הַקָטָן בְּיוֹתֵר
médio	memutsa	מְמוּצָע
máximo	maksi'mali	מַקְסִימָלִי
maior, mais grande	hagadol beyoter	הַגָדוֹל בְּיוֹתֵר

23. Recipientes

boião (m) de vidro	tsin'tsenet	צִנְצֶנֶת (נ)
lata (~ de cerveja)	paxit	פַּחִית (נ)
balde (m)	dli	דְּלִי (ז)
barril (m)	xavit	חָבִית (נ)
bacia (~ de plástico)	gigit	גִּיגִית (נ)
tanque (m)	meixal	מֵיכָל (ז)
cantil (m) de bolso	meimiya	מֵימִיָּה (נ)
bidão (m) de gasolina	'dʒerikan	גֶ'רִיקָן (ז)
cisterna (f)	mexalit	מֵיכָלִית (נ)
caneca (f)	'sefel	סֵפֶל (ז)
chávena (f)	'sefel	סֵפֶל (ז)
pires (m)	taxtit	תַּחְתִּית (נ)
copo (m)	kos	כּוֹס (נ)
taça (f) de vinho	ga'vi'a	גָּבִיעַ (ז)
panela, caçarola (f)	sir	סִיר (ז)
garrafa (f)	bakbuk	בַּקְבּוּק (ז)
gargalo (m)	tsavar habakbuk	צַוָּאר הַבַּקְבּוּק (ז)
jarro, garrafa (f)	kad	כַּד (ז)
jarro (m) de barro	kankan	קַנְקַן (ז)
recipiente (m)	kli	כְּלִי (ז)
pote (m)	sir 'xeres	סִיר חֶרֶס (ז)
vaso (m)	agartal	אֲגַרְטָל (ז)
frasco (~ de perfume)	tsloxit	צְלוֹחִית (נ)
frasquinho (ex. ~ de iodo)	bakbukon	בַּקְבּוּקוֹן (ז)
tubo (~ de pasta dentífrica)	ʃfo'feret	שְׁפוֹפֶרֶת (נ)
saca (ex. ~ de açúcar)	sak	שַׂק (ז)
saco (~ de plástico)	sakit	שַׂקִּית (נ)
maço (m)	xafisa	חֲפִיסָה (נ)
caixa (~ de sapatos, etc.)	kufsa	קוּפְסָה (נ)
caixa (~ de madeira)	argaz	אַרְגָּז (ז)
cesta (f)	sal	סַל (ז)

O SER HUMANO

O ser humano. O corpo

24. Cabeça

cabeça (f)	roʃ	רֹאשׁ (ז)
cara (f)	panim	פָּנִים (ז״ר)
nariz (m)	af	אַף (ז)
boca (f)	pe	פֶּה (ז)
olho (m)	'ayin	עַיִן (נ)
olhos (m pl)	ei'nayim	עֵינַיִם (נ״ר)
pupila (f)	iʃon	אִישׁוֹן (ז)
sobrancelha (f)	gaba	גַּבָּה (נ)
pestana (f)	ris	רִיס (ז)
pálpebra (f)	af'af	עַפְעַף (ז)
língua (f)	laʃon	לָשׁוֹן (נ)
dente (m)	ʃen	שֵׁן (נ)
lábios (m pl)	sfa'tayim	שְׂפָתַיִם (נ״ר)
maçãs (f pl) do rosto	atsamot leχa'yayim	עַצְמוֹת לְחָיַיִם (נ״ר)
gengiva (f)	χani'χayim	חֲנִיכַיִם (ז״ר)
palato (m)	χeχ	חֵךְ (ז)
narinas (f pl)	neχi'rayim	נְחִירַיִם (ז״ר)
queixo (m)	santer	סַנְטֵר (ז)
mandíbula (f)	'leset	לֶסֶת (נ)
bochecha (f)	'leχi	לְחִי (נ)
testa (f)	'metsaχ	מֵצַח (ז)
têmpora (f)	raka	רַקָּה (נ)
orelha (f)	'ozen	אֹזֶן (נ)
nuca (f)	'oref	עוֹרֶף (ז)
pescoço (m)	tsavar	צַוָּאר (ז)
garganta (f)	garon	גָּרוֹן (ז)
cabelos (m pl)	se'ar	שֵׂיעָר (ז)
penteado (m)	tis'roket	תִּסְרֹקֶת (נ)
corte (m) de cabelo	tis'poret	תִּסְפֹּרֶת (נ)
peruca (f)	pe'a	פֵּאָה (נ)
bigode (m)	safam	שָׂפָם (ז)
barba (f)	zakan	זָקָן (ז)
usar, ter (~ barba, etc.)	legadel	לְגַדֵּל
trança (f)	tsama	צַמָּה (נ)
suíças (f pl)	pe'ot leχa'yayim	פֵּאוֹת לְחָיַיִם (נ״ר)
ruivo	'dʒindʒi	גִ'ינגִ'י
grisalho	kasuf	כָּסוּף

calvo	ke'reax	קֵירֵחַ
calva (f)	ka'raxat	קָרַחַת (נ)
rabo-de-cavalo (m)	'kuku	קוּקוּ (ז)
franja (f)	'poni	פּוֹנִי (ז)

25. Corpo humano

mão (f)	kaf yad	כַּף יָד (נ)
braço (m)	yad	יָד (נ)
dedo (m)	'etsba	אֶצבַּע (נ)
dedo (m) do pé	'bohen	בּוֹהֶן (נ)
polegar (m)	agudal	אֲגוּדָל (ז)
dedo (m) mindinho	'zeret	זֶרֶת (נ)
unha (f)	tsi'poren	צִיפּוֹרֶן (ז)
punho (m)	egrof	אֶגרוֹף (ז)
palma (f) da mão	kaf yad	כַּף יָד (נ)
pulso (m)	ʃoreʃ kaf hayad	שׁוֹרֶשׁ כַּף הַיָד (ז)
antebraço (m)	ama	אַמָה (נ)
cotovelo (m)	marpek	מַרפֵּק (ז)
ombro (m)	katef	כָּתֵף (נ)
perna (f)	'regel	רֶגֶל (נ)
pé (m)	kaf 'regel	כַּף רֶגֶל (נ)
joelho (m)	'berex	בֶּרֶך (נ)
barriga (f) da perna	ʃok	שׁוֹק (ז)
anca (f)	yarex	יָרֵך (ז)
calcanhar (m)	akev	עָקֵב (ז)
corpo (m)	guf	גוּף (ז)
barriga (f)	'beten	בֶּטֶן (נ)
peito (m)	xaze	חָזֶה (ז)
seio (m)	ʃad	שַׁד (ז)
lado (m)	tsad	צַד (ז)
costas (f pl)	gav	גַב (ז)
região (f) lombar	mot'nayim	מוֹתנַיִים (ז"ר)
cintura (f)	'talya	טַליָה (נ)
umbigo (m)	tabur	טַבּוּר (ז)
nádegas (f pl)	axo'rayim	אֲחוֹרַיִים (ז"ר)
traseiro (m)	yaʃvan	יַשׁבָן (ז)
sinal (m)	nekudat xen	נְקוּדַת חֵן (נ)
sinal (m) de nascença	'ketem leida	כֶּתֶם לֵידָה (ז)
tatuagem (f)	ka'aku'a	קַעֲקוּעַ (ז)
cicatriz (f)	tsa'leket	צַלֶקֶת (נ)

Vestuário & Acessórios

26. Roupa exterior. Casacos

roupa (f)	bgadim	בְּגָדִים (ז״ר)
roupa (f) exterior	levuʃ elyon	לְבוּשׁ עֶלְיוֹן (ז)
roupa (f) de inverno	bigdei 'xoref	בִּגְדֵי חוֹרֶף (ז״ר)
sobretudo (m)	me'il	מְעִיל (ז)
casaco (m) de peles	me'il parva	מְעִיל פַּרְוָה (ז)
casaco curto (m) de peles	me'il parva katsar	מְעִיל פַּרְוָה קָצָר (ז)
casaco (m) acolchoado	me'il pux	מְעִיל פּוּךְ (ז)
casaco, blusão (m)	me'il katsar	מְעִיל קָצָר (ז)
impermeável (m)	me'il 'geʃem	מְעִיל גֶּשֶׁם (ז)
impermeável	amid be'mayim	עָמִיד בְּמַיִם

27. Vestuário de homem & mulher

camisa (f)	xultsa	חוּלְצָה (נ)
calças (f pl)	mixna'sayim	מִכְנָסַיִים (ז״ר)
calças (f pl) de ganga	mixnesei 'dʒins	מִכְנְסֵי ג'ִינְס (ז״ר)
casaco (m) de fato	ʒaket	זָ'קֵט (ז)
fato (m)	xalifa	חֲלִיפָה (נ)
vestido (ex. ~ vermelho)	simla	שִׂמְלָה (נ)
saia (f)	xatsa'it	חֲצָאִית (נ)
blusa (f)	xultsa	חוּלְצָה (נ)
casaco (m) de malha	ʒaket 'tsemer	זָ'קֵט צֶמֶר (ז)
casaco, blazer (m)	ʒaket	זָ'קֵט (ז)
T-shirt, camiseta (f)	ti ʃert	טִי שֶׁרְט (ז)
calções (Bermudas, etc.)	mixna'sayim ktsarim	מִכְנָסַיִים קְצָרִים (ז״ר)
fato (m) de treino	'trening	טְרֶנִינְג (ז)
roupão (m) de banho	xaluk raxatsa	חָלוּק רַחְצָה (ז)
pijama (m)	pi'dʒama	פִּיגָ'מָה (נ)
suéter (m)	'sveder	סְוֶודֶר (ז)
pulôver (m)	afuda	אֲפוּדָה (נ)
colete (m)	vest	וֶסְט (ז)
fraque (m)	frak	פְרַאק (ז)
smoking (m)	tuk'sido	טוּקְסִידוֹ (ז)
uniforme (m)	madim	מַדִים (ז״ר)
roupa (f) de trabalho	bigdei avoda	בִּגְדֵי עֲבוֹדָה (ז״ר)
fato-macaco (m)	sarbal	סַרְבָּל (ז)
bata (~ branca, etc.)	xaluk	חָלוּק (ז)

28. Vestuário. Roupa interior

roupa (f) interior	levanim	לְבָנִים (ז״ר)
cuecas boxer (f pl)	taxtonim	תַחְתוֹנִים (ז״ר)
cuecas (f pl)	taxtonim	תַחְתוֹנִים (ז״ר)
camisola (f) interior	gufiya	גוּפִיָה (נ)
peúgas (f pl)	gar'bayim	גַרְבַּיִם (ז״ר)
camisa (f) de noite	'ktonet 'laila	כְּתוֹנֶת לַיְלָה (נ)
sutiã (m)	xaziya	חֲזִיָה (נ)
meias longas (f pl)	birkon	בִּרְכּוֹן (ז)
meia-calça (f)	garbonim	גַרְבּוֹנִים (ז״ר)
meias (f pl)	garbei 'nailon	גַרְבֵּי נַיְלוֹן (ז״ר)
fato (m) de banho	'beged yam	בֶּגֶד יָם (ז)

29. Adereços de cabeça

chapéu (m)	'kova	כּוֹבַע (ז)
chapéu (m) de feltro	'kova 'leved	כּוֹבַע לֶבֶד (ז)
boné (m) de beisebol	'kova 'beisbol	כּוֹבַע בֵּייסְבּוֹל (ז)
boné (m)	'kova mitsxiya	כּוֹבַע מִצְחִיָה (ז)
boina (f)	baret	בֶּרֶט (ז)
capuz (m)	bardas	בַּרְדָס (ז)
panamá (m)	'kova 'tembel	כּוֹבַע טֶמְבֶּל (ז)
gorro (m) de malha	'kova 'gerev	כּוֹבַע גֶרֶב (ז)
lenço (m)	mit'paxat	מִטְפַּחַת (נ)
chapéu (m) de mulher	'kova	כּוֹבַע (ז)
capacete (m) de proteção	kasda	קַסְדָה (נ)
bibico (m)	kumta	כּוּמְתָה (נ)
capacete (m)	kasda	קַסְדָה (נ)
chapéu-coco (m)	mig'baʻat meʻu'gelet	מִגְבַּעַת מְעוּגֶלֶת (נ)
chapéu (m) alto	tsi'linder	צִילִינְדֶר (ז)

30. Calçado

calçado (m)	hanʻala	הַנְעָלָה (נ)
botinas (f pl)	naʻa'layim	נַעֲלַיִים (נ״ר)
sapatos (de salto alto, etc.)	naʻa'layim	נַעֲלַיִים (נ״ר)
botas (f pl)	maga'fayim	מַגָפַיִים (ז״ר)
pantufas (f pl)	naʻalei 'bayit	נַעֲלֵי בַּיִת (נ״ר)
ténis (m pl)	naʻalei sport	נַעֲלֵי סְפּוֹרְט (נ״ר)
sapatilhas (f pl)	naʻalei sport	נַעֲלֵי סְפּוֹרְט (נ״ר)
sandálias (f pl)	sandalim	סַנְדָלִים (ז״ר)
sapateiro (m)	sandlar	סַנְדְלָר (ז)
salto (m)	akev	עָקֵב (ז)

par (m)	zug	זוּג (ז)
atacador (m)	sroχ	שְׂרוֹךְ (ז)
apertar os atacadores	lisroχ	לִשְׂרוֹךְ
calçadeira (f)	kaf na'a'layim	כַּף נַעֲלַיִים (נ)
graxa (f) para calçado	miʃχat na'a'layim	מִשְׁחַת נַעֲלַיִים (נ)

31. Acessórios pessoais

luvas (f pl)	kfafot	כְּפָפוֹת (נ"ר)
mitenes (f pl)	kfafot	כְּפָפוֹת (נ"ר)
cachecol (m)	tsa'if	צָעִיף (ז)
óculos (m pl)	miʃka'fayim	מִשְׁקָפַיִים (ז"ר)
armação (f) de óculos	mis'geret	מִסְגֶּרֶת (נ)
guarda-chuva (m)	mitriya	מִטְרִיָּה (נ)
bengala (f)	makel haliχa	מַקֵּל הֲלִיכָה (ז)
escova (f) para o cabelo	miv'reʃet se'ar	מִבְרֶשֶׁת שֵׂיעָר (נ)
leque (m)	menifa	מְנִיפָה (נ)
gravata (f)	aniva	עֲנִיבָה (נ)
gravata-borboleta (f)	anivat parpar	עֲנִיבַת פַּרְפַּר (נ)
suspensórios (m pl)	ktefiyot	כְּתֵפִיּוֹת (נ"ר)
lenço (m)	mimχata	מִמְחָטָה (נ)
pente (m)	masrek	מַסְרֵק (ז)
travessão (m)	sikat roʃ	סִיכַּת רֹאשׁ (נ)
gancho (m) de cabelo	sikat se'ar	סִיכַּת שֵׂיעָר (נ)
fivela (f)	avzam	אַבְזָם (ז)
cinto (m)	χagora	חֲגוֹרָה (נ)
correia (f)	retsu'at katef	רְצוּעַת כָּתֵף (נ)
mala (f)	tik	תִּיק (ז)
mala (f) de senhora	tik	תִּיק (ז)
mochila (f)	tarmil	תַּרְמִיל (ז)

32. Vestuário. Diversos

moda (f)	ofna	אוֹפְנָה (נ)
na moda	ofnati	אוֹפְנָתִי
estilista (m)	me'atsev ofna	מְעַצֵּב אוֹפְנָה (ז)
colarinho (m), gola (f)	tsavaron	צַוָּארוֹן (ז)
bolso (m)	kis	כִּיס (ז)
de bolso	ʃel kis	שֶׁל כִּיס
manga (f)	ʃarvul	שַׁרְווּל (ז)
alcinha (f)	mitle	מִתְלֶה (ז)
braguilha (f)	χanut	חָנוּת (נ)
fecho (m) de correr	roχsan	רוֹכְסָן (ז)
fecho (m), colchete (m)	'keres	קֶרֶס (ז)
botão (m)	kaftor	כַּפְתּוֹר (ז)

casa (f) de botão	lula'a	לוּלָאָה (נ)
soltar-se (vr)	lehitaleʃ	לְהִיתָּלֵשׁ
coser, costurar (vi)	litpor	לִתְפּוֹר
bordar (vt)	lirkom	לִרְקוֹם
bordado (m)	rikma	רִקְמָה (נ)
agulha (f)	'maxat tfira	מַחַט תְּפִירָה (נ)
fio (m)	xut	חוּט (ז)
costura (f)	'tefer	תֶּפֶר (ז)
sujar-se (vr)	lehitlaxlex	לְהִתְלַכְלֵךְ
mancha (f)	'ketem	כֶּתֶם (ז)
engelhar-se (vr)	lehitkamet	לְהִתְקַמֵט
rasgar (vt)	lik'ro'a	לִקְרוֹעַ
traça (f)	aʃ	עָשׁ (ז)

33. Cuidados pessoais. Cosméticos

pasta (f) de dentes	miʃxat ʃi'nayim	מִשְׁחַת שִׁינַיִים (נ)
escova (f) de dentes	miv'reʃet ʃi'nayim	מִבְרֶשֶׁת שִׁינַיִים (נ)
escovar os dentes	letsax'tseax ʃi'nayim	לְצַחְצֵחַ שִׁינַיִים
máquina (f) de barbear	'ta'ar	תַּעַר (ז)
creme (m) de barbear	'ketsef gi'luax	קֶצֶף גִּילוּחַ (ז)
barbear-se (vr)	lehitga'leax	לְהִתְגַּלֵחַ
sabonete (m)	sabon	סַבּוֹן (ז)
champô (m)	ʃampu	שַׁמְפּוּ (ז)
tesoura (f)	mispa'rayim	מִסְפָּרַיִים (ז״ר)
lima (f) de unhas	ptsira	פְּצִירָה (נ)
corta-unhas (m)	gozez tsipor'nayim	גּוֹזֵז צִיפּוֹרְנַיִים (ז)
pinça (f)	pin'tseta	פִּינְצֶטָה (נ)
cosméticos (m pl)	tamrukim	תַּמְרוּקִים (ז״ר)
máscara (f) facial	masexa	מַסֵּכָה (נ)
manicura (f)	manikur	מָנִיקוּר (ז)
fazer a manicura	la'asot manikur	לַעֲשׂוֹת מָנִיקוּר
pedicure (f)	pedikur	פֶּדִיקוּר (ז)
mala (f) de maquilhagem	tik ipur	תִּיק אִיפּוּר (ז)
pó (m)	'pudra	פּוּדְרָה (נ)
caixa (f) de pó	pudriya	פּוּדְרִיָיה (נ)
blush (m)	'somek	סוֹמֶק (ז)
perfume (m)	'bosem	בּוֹשֶׂם (ז)
água (f) de toilette	mei 'bosem	מֵי בּוֹשֶׂם (ז״ר)
loção (f)	mei panim	מֵי פָּנִים (ז״ר)
água-de-colónia (f)	mei 'bosem	מֵי בּוֹשֶׂם (ז״ר)
sombra (f) de olhos	tslalit	צְלָלִית (נ)
lápis (m) delineador	ai 'lainer	אַיי לַיינֶר (ז)
máscara (f), rímel (m)	'maskara	מַסְקָרָה (נ)
batom (m)	sfaton	שְׂפָתוֹן (ז)

verniz (m) de unhas	'laka letsipor'nayim	לָכָּה לְצִיפּוֹרְנַיִים (נ)
laca (f) para cabelos	tarsis lese'ar	תַרְסִיס לְשֵׂיעָר (ז)
desodorizante (m)	de'odo'rant	דָאוֹדוֹרַנט (ז)
creme (m)	krem	קְרֶם (ז)
creme (m) de rosto	krem panim	קְרֶם פָּנִים (ז)
creme (m) de mãos	krem ya'dayim	קְרֶם יָדַיִים (ז)
creme (m) antirrugas	krem 'neged kmatim	קְרֶם נֶגֶד קְמָטִים (ז)
creme (m) de dia	krem yom	קְרֶם יוֹם (ז)
creme (m) de noite	krem 'laila	קְרֶם לַיְלָה (ז)
de dia	yomi	יוֹמִי
da noite	leili	לֵילִי
tampão (m)	tampon	טַמְפּוֹן (ז)
papel (m) higiénico	neyar tu'alet	נְיָיר טוּאָלֶט (ז)
secador (m) elétrico	meyabeʃ se'ar	מְיַיבֵּשׁ שֵׂיעָר (ז)

34. Relógios de pulso. Relógios

relógio (m) de pulso	ʃe'on yad	שְׁעוֹן יָד (ז)
mostrador (m)	'luaχ ʃa'on	לוּחַ שָׁעוֹן (ז)
ponteiro (m)	maχog	מָחוֹג (ז)
bracelete (f) em aço	tsamid	צָמִיד (ז)
bracelete (f) em couro	retsu'a leʃa'on	רְצוּעָה לְשָׁעוֹן (נ)
pilha (f)	solela	סוֹלְלָה (נ)
descarregar-se	lehitroken	לְהִתְרוֹקֵן
trocar a pilha	lehaχlif	לְהַחֲלִיף
estar adiantado	lemaher	לְמַהֵר
estar atrasado	lefager	לְפַגֵּר
relógio (m) de parede	ʃe'on kir	שְׁעוֹן קִיר (ז)
ampulheta (f)	ʃe'on χol	שְׁעוֹן חוֹל (ז)
relógio (m) de sol	ʃe'on 'ʃemeʃ	שְׁעוֹן שֶׁמֶשׁ (ז)
despertador (m)	ʃa'on me'orer	שְׁעוֹן מְעוֹרֵר (ז)
relojoeiro (m)	ʃa'an	שָׁעָן (ז)
reparar (vt)	letaken	לְתַקֵּן

Alimentação. Nutrição

35. Comida

carne (f)	basar	בָּשָׂר (ז)
galinha (f)	of	עוֹף (ז)
frango (m)	pargit	פַּרְגִית (נ)
pato (m)	barvaz	בַּרְוָז (ז)
ganso (m)	avaz	אֲוָז (ז)
caça (f)	'tsayid	צַיִד (ז)
peru (m)	'hodu	הוֹדוּ (ז)
carne (f) de porco	basar xazir	בָּשָׂר חָזִיר (ז)
carne (f) de vitela	basar 'egel	בָּשָׂר עֵגֶל (ז)
carne (f) de carneiro	basar 'keves	בָּשָׂר כֶּבֶשׂ (ז)
carne (f) de vaca	bakar	בָּקָר (ז)
carne (f) de coelho	arnav	אַרְנָב (ז)
chouriço, salsichão (m)	naknik	נַקְנִיק (ז)
salsicha (f)	naknikiya	נַקְנִיקִייָה (נ)
bacon (m)	'kotel xazir	קוֹתֶל חָזִיר (ז)
fiambre (f)	basar xazir meʻuʃan	בָּשָׂר חָזִיר מְעוּשָן (ז)
presunto (m)	'kotel xazir meʻuʃan	קוֹתֶל חָזִיר מְעוּשָן (ז)
patê (m)	pate	פָּטֶה (ז)
fígado (m)	kaved	כָּבֵד (ז)
carne (f) moída	basar taxun	בָּשָׂר טָחוּן (ז)
língua (f)	laʃon	לָשוֹן (נ)
ovo (m)	beitsa	בֵּיצָה (נ)
ovos (m pl)	beitsim	בֵּיצִים (נ״ר)
clara (f) do ovo	xelbon	חֶלְבּוֹן (ז)
gema (f) do ovo	xelmon	חֶלְמוֹן (ז)
peixe (m)	dag	דָג (ז)
mariscos (m pl)	perot yam	פֵּירוֹת יָם (ז״ר)
crustáceos (m pl)	sartana'im	סַרְטָנָאִים (ז״ר)
caviar (m)	kavyar	קָוְויָאר (ז)
caranguejo (m)	sartan yam	סַרְטָן יָם (ז)
camarão (m)	ʃrimps	שְׁרִימְפְּס (ז״ר)
ostra (f)	tsidpat ma'axal	צִדְפַּת מַאֲכָל (נ)
lagosta (f)	'lobster kotsani	לוֹבְּסְטֶר קוֹצָנִי (ז)
polvo (m)	tamnun	תַּמְנוּן (ז)
lula (f)	kala'mari	קָלָמָארִי (ז)
esturjão (m)	basar haxidkan	בָּשָׂר הַחִדְקָן (ז)
salmão (m)	'salmon	סַלְמוֹן (ז)
halibute (m)	putit	פּוּטִית (נ)
bacalhau (m)	ʃibut	שִׁיבּוּט (ז)

cavala, sarda (f)	kolyas	קוֹלְיָס (ז)
atum (m)	'tuna	טוּנָה (נ)
enguia (f)	tslofaχ	צְלוֹפָח (ז)
truta (f)	forel	פוֹרֶל (ז)
sardinha (f)	sardin	סַרְדִּין (ז)
lúcio (m)	ze'ev 'mayim	זְאֵב מַיִם (ז)
arenque (m)	ma'liaχ	מָלִיחַ (ז)
pão (m)	'leχem	לֶחֶם (ז)
queijo (m)	gvina	גְּבִינָה (נ)
açúcar (m)	sukar	סוּכָּר (ז)
sal (m)	'melaχ	מֶלַח (ז)
arroz (m)	'orez	אוֹרֶז (ז)
massas (f pl)	'pasta	פַּסְטָה (נ)
talharim (m)	irtiyot	אִטְרִיּוֹת (נ"ר)
manteiga (f)	χem'a	חֶמְאָה (נ)
óleo (m) vegetal	ʃemen tsimχi	שֶׁמֶן צִמְחִי (ז)
óleo (m) de girassol	ʃemen χamaniyot	שֶׁמֶן חַמָּנִיּוֹת (ז)
margarina (f)	marga'rina	מַרְגָּרִינָה (נ)
azeitonas (f pl)	zeitim	זֵיתִים (ז"ר)
azeite (m)	ʃemen 'zayit	שֶׁמֶן זַיִת (ז)
leite (m)	χalav	חָלָב (ז)
leite (m) condensado	χalav merukaz	חָלָב מְרוּכָּז (ז)
iogurte (m)	'yogurt	יוֹגוּרְט (ז)
nata (f) azeda	ʃa'menet	שַׁמֶּנֶת (נ)
nata (f) do leite	ʃa'menet	שַׁמֶּנֶת (נ)
maionese (f)	mayonez	מָיוֹנֵז (ז)
creme (m)	ka'tsefet χem'a	קַצֶּפֶת חֶמְאָה (נ)
grãos (m pl) de cereais	grisim	גְּרִיסִים (ז"ר)
farinha (f)	'kemaχ	קֶמַח (ז)
enlatados (m pl)	ʃmurIm	שִׁימוּרִים (ז"ר)
flocos (m pl) de milho	ptitei 'tiras	פְּתִיתֵי תִּירָס (ז"ר)
mel (m)	dvaʃ	דְּבַשׁ (ז)
doce (m)	riba	רִיבָּה (נ)
pastilha (f) elástica	'mastik	מַסְטִיק (ז)

36. Bebidas

água (f)	'mayim	מַיִם (ז"ר)
água (f) potável	mei ʃtiya	מֵי שְׁתִיָּה (ז"ר)
água (f) mineral	'mayim mine'raliyim	מַיִם מִינְרָלִיִּים (ז"ר)
sem gás	lo mugaz	לֹא מוּגָז
gaseificada	mugaz	מוּגָז
com gás	mugaz	מוּגָז
gelo (m)	'keraχ	קֶרַח (ז)

com gelo	im 'kerax	עִם קֶרַח
sem álcool	natul alkohol	נְטוּל אַלְכּוֹהוֹל
bebida (f) sem álcool	maʃke kal	מַשְׁקֶה קַל (ז)
refresco (m)	maʃke mera'anen	מַשְׁקֶה מְרַעֲנֵן (ז)
limonada (f)	limo'nada	לִימוֹנָדָה (נ)
bebidas (f pl) alcoólicas	maʃka'ot xarifim	מַשְׁקָאוֹת חָרִיפִים (ז"ר)
vinho (m)	'yayin	יַיִן (ז)
vinho (m) branco	'yayin lavan	יַיִן לָבָן (ז)
vinho (m) tinto	'yayin adom	יַיִן אָדוֹם (ז)
licor (m)	liker	לִיקֶר (ז)
champanhe (m)	ʃam'panya	שַׁמְפַּנְיָה (נ)
vermute (m)	'vermut	וֶרְמוּט (ז)
uísque (m)	'viski	וִיסְקִי (ז)
vodka (f)	'vodka	וֹדְקָה (נ)
gim (m)	dʒin	גִּ'ין (ז)
conhaque (m)	'konyak	קוֹנְיָאק (ז)
rum (m)	rom	רוֹם (ז)
café (m)	kafe	קָפֶה (ז)
café (m) puro	kafe ʃaxor	קָפֶה שָׁחוֹר (ז)
café (m) com leite	kafe hafux	קָפֶה הָפוּךְ (ז)
cappuccino (m)	kapu'tʃino	קָפּוּצִ'ינוֹ (ז)
café (m) solúvel	kafe names	קָפֶה נָמֵס (ז)
leite (m)	xalav	חָלָב (ז)
coquetel (m)	kokteil	קוֹקְטֵיל (ז)
batido (m) de leite	'milkʃeik	מִילְקְשֵׁייק (ז)
sumo (m)	mits	מִיץ (ז)
sumo (m) de tomate	mits agvaniyot	מִיץ עַגְבָנִיּוֹת (ז)
sumo (m) de laranja	mits tapuzim	מִיץ תַּפּוּזִים (ז)
sumo (m) fresco	mits saxut	מִיץ סָחוּט (ז)
cerveja (f)	'bira	בִּירָה (נ)
cerveja (f) clara	'bira bahira	בִּירָה בְּהִירָה (נ)
cerveja (f) preta	'bira keha	בִּירָה כֵּהָה (נ)
chá (m)	te	תֵּה (ז)
chá (m) preto	te ʃaxor	תֵּה שָׁחוֹר (ז)
chá (m) verde	te yarok	תֵּה יָרוֹק (ז)

37. Vegetais

legumes (m pl)	yerakot	יְרָקוֹת (ז"ר)
verduras (f pl)	'yerek	יֶרֶק (ז)
tomate (m)	agvaniya	עַגְבָנִיָּה (נ)
pepino (m)	melafefon	מְלָפְפוֹן (ז)
cenoura (f)	'gezer	גֶּזֶר (ז)
batata (f)	ta'puax adama	תַּפּוּחַ אֲדָמָה (ז)
cebola (f)	batsal	בָּצָל (ז)

alho (m)	ʃum	שׁוּם (ז)
couve (f)	kruv	כְּרוּב (ז)
couve-flor (f)	kruvit	כְּרוּבִית (נ)
couve-de-bruxelas (f)	kruv nitsanim	כְּרוּב נִצָּנִים (ז)
brócolos (m pl)	'brokoli	בְּרוֹקוֹלִי (ז)
beterraba (f)	'selek	סֶלֶק (ז)
beringela (f)	χatsil	חָצִיל (ז)
curgete (f)	kiʃu	קִישׁוּא (ז)
abóbora (f)	'dla'at	דְּלַעַת (נ)
nabo (m)	'lefet	לֶפֶת (נ)
salsa (f)	petro'zilya	פֶּטְרוֹזִילְיָה (נ)
funcho, endro (m)	ʃamir	שָׁמִיר (ז)
alface (f)	'χasa	חַסָּה (נ)
aipo (m)	'seleri	סָלֶרִי (ז)
espargo (m)	aspa'ragos	אַסְפָּרָגוּס (ז)
espinafre (m)	'tered	תֶּרֶד (ז)
ervilha (f)	afuna	אֲפוּנָה (נ)
fava (f)	pol	פּוֹל (ז)
milho (m)	'tiras	תִּירָס (ז)
feijão (m)	ʃu'it	שְׁעוּעִית (נ)
pimentão (m)	'pilpel	פִּלְפֵּל (ז)
rabanete (m)	tsnonit	צְנוֹנִית (נ)
alcachofra (f)	artiʃok	אַרְטִישׁוֹק (ז)

38. Frutos. Nozes

fruta (f)	pri	פְּרִי (ז)
maçã (f)	ta'puaχ	תַּפּוּחַ (ז)
pera (f)	agas	אַגָּס (ז)
limão (m)	limon	לִימוֹן (ז)
laranja (f)	tapuz	תַּפּוּז (ז)
morango (m)	tut sade	תּוּת שָׂדֶה (ז)
tangerina (f)	klemen'tina	קְלֶמֶנְטִינָה (נ)
ameixa (f)	ʃezif	שְׁזִיף (ז)
pêssego (m)	afarsek	אֲפַרְסֵק (ז)
damasco (m)	'miʃmeʃ	מִשְׁמֵשׁ (ז)
framboesa (f)	'petel	פֶּטֶל (ז)
ananás (m)	'ananas	אֲנָנָס (ז)
banana (f)	ba'nana	בָּנָנָה (נ)
melancia (f)	ava'tiaχ	אֲבַטִּיחַ (ז)
uva (f)	anavim	עֲנָבִים (ז״ר)
ginja (f)	duvdevan	דֻּבְדְּבָן (ז)
cereja (f)	gudgedan	גּוּדְגְּדָן (ז)
meloa (f)	melon	מֶלוֹן (ז)
toranja (f)	eʃkolit	אֶשְׁכּוֹלִית (נ)
abacate (m)	avo'kado	אָבוֹקָדוֹ (ז)
papaia (f)	pa'paya	פַּפָּאיָה (נ)

manga (f)	'mango	מַנְגּוֹ (ז)
romã (f)	rimon	רִימוֹן (ז)
groselha (f) vermelha	dumdemanit aduma	דּוּמְדְּמָנִית אֲדֻומָּה (נ)
groselha (f) preta	dumdemanit ʃxora	דּוּמְדְּמָנִית שְׁחוֹרָה (נ)
groselha (f) espinhosa	xazarzar	חֲזַרְזַר (ז)
mirtilo (m)	uxmanit	אֻוכְמָנִית (נ)
amora silvestre (f)	'petel ʃaxor	פֶּטֶל שָׁחוֹר (ז)
uvas (f pl) passas	tsimukim	צִימוּקִים (ז"ר)
figo (m)	te'ena	תְּאֵנָה (נ)
tâmara (f)	tamar	תָּמָר (ז)
amendoim (m)	botnim	בּוֹטְנִים (ז"ר)
amêndoa (f)	ʃaked	שָׁקֵד (ז)
noz (f)	egoz 'melex	אֱגוֹז מֶלֶךְ (ז)
avelã (f)	egoz ilsar	אֱגוֹז אִלְסָר (ז)
coco (m)	'kokus	קוֹקוּס (ז)
pistáchios (m pl)	'fistuk	פִּיסְטוּק (ז)

39. Pão. Bolaria

pastelaria (f)	mutsrei kondi'torya	מוּצְרֵי קוֹנְדִיטוֹרְיָה (ז"ר)
pão (m)	'lexem	לֶחֶם (ז)
bolacha (f)	ugiya	עוּגִיָּה (נ)
chocolate (m)	'ʃokolad	שׁוֹקוֹלָד (ז)
de chocolate	mi'ʃokolad	מִשּׁוֹקוֹלָד
rebuçado (m)	sukariya	סֻוכָּרִיָּה (נ)
bolo (cupcake, etc.)	uga	עוּגָה (נ)
bolo (m) de aniversário	uga	עוּגָה (נ)
tarte (~ de maçã)	pai	פַּאי (ז)
recheio (m)	milui	מִילֻוי (ז)
doce (m)	riba	רִיבָּה (נ)
geleia (f) de frutas	marme'lada	מַרְמֶלָדָה (נ)
waffle (m)	'vaflim	וָפְלִים (ז"ר)
gelado (m)	'glida	גְּלִידָה (נ)
pudim (m)	'puding	פּוּדִינְג (ז)

40. Pratos cozinhados

prato (m)	mana	מָנָה (נ)
cozinha (~ portuguesa)	mitbax	מִטְבָּח (ז)
receita (f)	matkon	מַתְכּוֹן (ז)
porção (f)	mana	מָנָה (נ)
salada (f)	salat	סָלָט (ז)
sopa (f)	marak	מָרָק (ז)
caldo (m)	marak tsax, tsir	מָרָק צַח, צִיר (ז)
sandes (f)	karix	כָּרִיךְ (ז)

ovos (m pl) estrelados	beitsat ain	בֵּיצַת עַיִן (נ)
hambúrguer (m)	'hamburger	הַמְבּוּרְגֶר (ז)
bife (m)	umtsa, steik	אוּמְצָה (נ), סְטֵייק (ז)
conduto (m)	to'sefet	תּוֹסֶפֶת (נ)
espaguete (m)	spa'geti	סְפָּגֶטִי (ז)
puré (m) de batata	meχit tapuχei adama	מְחִית תַּפּוּחֵי אֲדָמָה (נ)
pizza (f)	'pitsa	פִּיצָה (נ)
papa (f)	daysa	דַּיְיסָה (נ)
omelete (f)	χavita	חֲבִיתָה (נ)
cozido em água	mevuʃal	מְבוּשָׁל
fumado	me'uʃan	מְעוּשָׁן
frito	metugan	מְטוּגָן
seco	meyubaʃ	מְיוּבָּשׁ
congelado	kafu	קָפוּא
em conserva	kavuʃ	כָּבוּשׁ
doce (açucarado)	matok	מָתוֹק
salgado	ma'luaχ	מָלוּחַ
frio	kar	קַר
quente	χam	חַם
amargo	marir	מָרִיר
gostoso	ta'im	טָעִים
cozinhar (em água a ferver)	levaʃel be'mayim rotχim	לְבַשֵּׁל בְּמַיִם רוֹתְחִים
fazer, preparar (vt)	levaʃel	לְבַשֵּׁל
fritar (vt)	letagen	לְטַגֵּן
aquecer (vt)	leχamem	לְחַמֵּם
salgar (vt)	leham'liaχ	לְהַמְלִיחַ
apimentar (vt)	lefalpel	לְפַלְפֵּל
ralar (vt)	lerasek	לְרַסֵּק
casca (f)	klipa	קְלִיפָּה (נ)
descascar (vt)	lekalef	לְקַלֵּף

41. Especiarias

sal (m)	'melaχ	מֶלַח (ז)
salgado	ma'luaχ	מָלוּחַ
salgar (vt)	leham'liaχ	לְהַמְלִיחַ
pimenta (f) preta	'pilpel ʃaχor	פִּלְפֵּל שָׁחוֹר (ז)
pimenta (f) vermelha	'pilpel adom	פִּלְפֵּל אָדוֹם (ז)
mostarda (f)	χardal	חַרְדָּל (ז)
raiz-forte (f)	χa'zeret	חֲזֶרֶת (נ)
condimento (m)	'rotev	רוֹטֶב (ז)
especiaria (f)	tavlin	תַּבְלִין (ז)
molho (m)	'rotev	רוֹטֶב (ז)
vinagre (m)	'χomets	חוֹמֶץ (ז)
anis (m)	kamnon	כַּמְנוֹן (ז)
manjericão (m)	reχan	רֵיחָן (ז)

cravo (m)	tsi'poren	ציפורן (ז)
gengibre (m)	'dʒindʒer	ג'ינג'ר (ז)
coentro (m)	'kusbara	כוסברה (נ)
canela (f)	kinamon	קינמון (ז)
sésamo (m)	'ʃumʃum	שומשום (ז)
folhas (f pl) de louro	ale dafna	עלה דפנה (ז)
páprica (f)	'paprika	פפריקה (נ)
cominho (m)	'kimel	קימל (ז)
açafrão (m)	ze'afran	זעפרן (ז)

42. Refeições

comida (f)	'oχel	אוכל (ז)
comer (vt)	le'eχol	לאכול
pequeno-almoço (m)	aruχat 'boker	ארוחת בוקר (נ)
tomar o pequeno-almoço	le'eχol aruχat 'boker	לאכול ארוחת בוקר
almoço (m)	aruχat tsaha'rayim	ארוחת צהריים (נ)
almoçar (vi)	le'eχol aruχat tsaha'rayim	לאכול ארוחת צהריים
jantar (m)	aruχat 'erev	ארוחת ערב (נ)
jantar (vi)	le'eχol aruχat 'erev	לאכול ארוחת ערב
apetite (m)	te'avon	תיאבון (ז)
Bom apetite!	betei'avon!	בתיאבון!
abrir (~ uma lata, etc.)	lif'toaχ	לפתוח
derramar (vt)	liʃpoχ	לשפוך
derramar-se (vr)	lehiʃapeχ	להישפך
ferver (vi)	lir'toaχ	לרתוח
ferver (vt)	lehar'tiaχ	להרתיח
fervido	ra'tuaχ	רתוח
arrefecer (vt)	lekarer	לקרר
arrefecer-se (vr)	lehitkarer	להתקרר
sabor, gosto (m)	'ta‛am	טעם (ז)
gostinho (m)	'ta‛am levai	טעם לוואי (ז)
fazer dieta	lirzot	לרזות
dieta (f)	di''eta	דיאטה (נ)
vitamina (f)	vitamin	ויטמין (ז)
caloria (f)	ka'lorya	קלוריה (נ)
vegetariano (m)	tsimχoni	צמחוני (ז)
vegetariano	tsimχoni	צמחוני
gorduras (f pl)	ʃumanim	שומנים (ז״ר)
proteínas (f pl)	χelbonim	חלבונים (ז״ר)
carboidratos (m pl)	paχmema	פחמימה (נ)
fatia (~ de limão, etc.)	prusa	פרוסה (נ)
pedaço (~ de bolo)	χatiχa	חתיכה (נ)
migalha (f)	perur	פירור (ז)

43. Por a mesa

colher (f)	kaf	כַּף (נ)
faca (f)	sakin	סַכִּין (נ, ז)
garfo (m)	mazleg	מַזְלֵג (ז)
chávena (f)	'sefel	סֵפֶל (ז)
prato (m)	tsa'laxat	צַלַּחַת (נ)
pires (m)	taxtit	תַּחְתִּית (נ)
guardanapo (m)	mapit	מַפִּית (נ)
palito (m)	keisam ʃi'nayim	קִיסָם שִׁינַּיִם (ז)

44. Restaurante

restaurante (m)	misʻada	מִסְעָדָה (נ)
café (m)	beit kafe	בֵּית קָפֶה (ז)
bar (m), cervejaria (f)	bar, pab	בָּר, פָּאבּ (ז)
salão (m) de chá	beit te	בֵּית תֵּה (ז)
empregado (m) de mesa	meltsar	מֶלְצָר (ז)
empregada (f) de mesa	meltsarit	מֶלְצָרִית (נ)
barman (m)	'barmen	בָּרְמֶן (ז)
ementa (f)	tafrit	תַּפְרִיט (ז)
lista (f) de vinhos	reʃimat yeynot	רְשִׁימַת יֵינוֹת (נ)
reservar uma mesa	lehazmin ʃulxan	לְהַזְמִין שׁוּלְחָן
prato (m)	mana	מָנָה (נ)
pedir (vt)	lehazmin	לְהַזְמִין
fazer o pedido	lehazmin	לְהַזְמִין
aperitivo (m)	maʃke metaʼaven	מַשְׁקֶה מְתָאַבֵן (ז)
entrada (f)	metaʼaven	מְתָאַבֵן (ז)
sobremesa (f)	ki'nuax	קִינּוּחַ (ז)
conta (f)	xeʃbon	חֶשְׁבּוֹן (ז)
pagar a conta	leʃalem	לְשַׁלֵם
dar o troco	latet 'odef	לָתֵת עוֹדֶף
gorjeta (f)	tip	טִיפ (ז)

Família, parentes e amigos

45. Informação pessoal. Formulários

nome (m)	ʃem	שֵׁם (ז)
apelido (m)	ʃem miʃpaχa	שֵׁם מִשׁפָּחָה (ז)
data (f) de nascimento	ta'ariχ leda	תַאֲרִיך לֵידָה (ז)
local (m) de nascimento	mekom leda	מְקוֹם לֵידָה (ז)
nacionalidade (f)	le'om	לְאוֹם (ז)
lugar (m) de residência	mekom megurim	מְקוֹם מְגוּרִים (ז)
país (m)	medina	מְדִינָה (נ)
profissão (f)	mik'tso'a	מִקצוֹעַ (ז)
sexo (m)	min	מִין (ז)
estatura (f)	'gova	גוֹבַה (ז)
peso (m)	miʃkal	מִשׁקָל (ז)

46. Membros da família. Parentes

mãe (f)	em	אֵם (נ)
pai (m)	av	אָב (ז)
filho (m)	ben	בֵּן (ז)
filha (f)	bat	בַּת (נ)
filha (f) mais nova	habat haktana	הַבַּת הַקטָנָה (נ)
filho (m) mais novo	haben hakatan	הַבֵּן הַקָטָן (ז)
filha (f) mais velha	habat habχora	הַבַּת הַבְּכוֹרָה (נ)
filho (m) mais velho	haben habχor	הַבֵּן הַבְּכוֹר (ז)
irmão (m)	aχ	אָח (ז)
irmão (m) mais velho	aχ gadol	אָח גָדוֹל (ז)
irmão (m) mais novo	aχ katan	אָח קָטָן (ז)
irmã (f)	aχot	אָחוֹת (נ)
irmã (f) mais velha	aχot gdola	אָחוֹת גדוֹלָה (נ)
irmã (f) mais nova	aχot ktana	אָחוֹת קטָנָה (נ)
primo (m)	ben dod	בֶּן דוֹד (ז)
prima (f)	bat 'doda	בַּת דוֹדָה (נ)
mamã (f)	'ima	אִמָא (נ)
papá (m)	'aba	אַבָּא (ז)
pais (pl)	horim	הוֹרִים (ז"ר)
criança (f)	'yeled	יֶלֶד (ז)
crianças (f pl)	yeladim	יְלָדִים (ז"ר)
avó (f)	'savta	סָבתָא (נ)
avô (m)	'saba	סָבָּא (ז)
neto (m)	'neχed	נֶכֶד (ז)

neta (f)	neχda	נֶכְדָּה (נ)
netos (pl)	neχadim	נְכָדִים (ז״ר)
tio (m)	dod	דּוֹד (ז)
tia (f)	'doda	דּוֹדָה (נ)
sobrinho (m)	aχyan	אַחְיָן (ז)
sobrinha (f)	aχyanit	אַחְיָנִית (נ)
sogra (f)	χamot	חָמוֹת (נ)
sogro (m)	χam	חָם (ז)
genro (m)	χatan	חָתָן (ז)
madrasta (f)	em χoreget	אֵם חוֹרֶגֶת (נ)
padrasto (m)	av χoreg	אָב חוֹרֵג (ז)
criança (f) de colo	tinok	תִּינוֹק (ז)
bebé (m)	tinok	תִּינוֹק (ז)
menino (m)	pa'ot	פָּעוֹט (ז)
mulher (f)	iʃa	אִשָּׁה (נ)
marido (m)	'ba'al	בַּעַל (ז)
esposo (m)	ben zug	בֶּן זוּג (ז)
esposa (f)	bat zug	בַּת זוּג (נ)
casado	nasui	נָשׂוּי
casada	nesu'a	נְשׂוּאָה
solteiro	ravak	רַוָּק
solteirão (m)	ravak	רַוָּק (ז)
divorciado	garuʃ	גָּרוּשׁ
viúva (f)	almana	אַלְמָנָה (נ)
viúvo (m)	alman	אַלְמָן (ז)
parente (m)	karov miʃpaχa	קָרוֹב מִשְׁפָּחָה (ז)
parente (m) próximo	karov miʃpaχa	קָרוֹב מִשְׁפָּחָה (ז)
parente (m) distante	karov raχok	קָרוֹב רָחוֹק (ז)
parentes (m pl)	krovei miʃpaχa	קְרוֹבֵי מִשְׁפָּחָה (ז״ר)
órfão (m), órfã (f)	yatom	יָתוֹם (ז)
órfão (m)	yatom	יָתוֹם (ז)
órfã (f)	yetoma	יְתוֹמָה (נ)
tutor (m)	apo'tropos	אַפּוֹטְרוֹפּוֹס (ז)
adotar (um filho)	le'amets	לְאַמֵּץ
adotar (uma filha)	le'amets	לְאַמֵּץ

Medicina

47. Doenças

doença (f)	maxala	מַחֲלָה (נ)
estar doente	lihyot xole	לִהְיוֹת חוֹלֶה
saúde (f)	bri'ut	בְּרִיאוּת (נ)
nariz (m) a escorrer	na'zelet	נַזֶלֶת (נ)
amigdalite (f)	da'leket ʃkedim	דַלֶקֶת שְקֵדִים (נ)
constipação (f)	hitstanenut	הִצטַנְנוּת (נ)
constipar-se (vr)	lehitstanen	לְהִצטַנֵן
bronquite (f)	bron'xitis	בּרוֹנכִיטִיס (ז)
pneumonia (f)	da'leket re'ot	דַלֶקֶת רֵיאוֹת (נ)
gripe (f)	ʃa'pa'at	שַפַּעַת (נ)
míope	ktsar re'iya	קצַר רְאִיָה
presbita	rexok re'iya	רְחוֹק־רְאִיָה
estrabismo (m)	pzila	פּזִילָה (נ)
estrábico	pozel	פּוֹזֵל
catarata (f)	katarakt	קָטָרַקט (ז)
glaucoma (m)	gla'u'koma	גלָאוּקוֹמָה (נ)
AVC (m), apoplexia (f)	ʃavats moxi	שָבָץ מוֹחִי (ז)
ataque (m) cardíaco	hetkef lev	הֶתקֵף לֵב (ז)
enfarte (m) do miocárdio	'otem ʃrir halev	אוֹטֶם שׂרִיר הַלֵב (ז)
paralisia (f)	ʃituk	שִיתוּק (ז)
paralisar (vt)	leʃatek	לְשַתֵק
alergia (f)	a'lergya	אָלֶרגִיָה (נ)
asma (f)	'astma, ka'tseret	אַסתמָה, קַצֶרֶת (נ)
diabetes (f)	su'keret	סוּכֶּרֶת (נ)
dor (f) de dentes	ke'ev ʃi'nayim	כְּאֵב שִינַיִים (ז)
cárie (f)	a'ʃeʃet	עַשֶשֶת (נ)
diarreia (f)	ʃilʃul	שִלשוּל (ז)
prisão (f) de ventre	atsirut	עֲצִירוּת (נ)
desarranjo (m) intestinal	kilkul keiva	קִלקוּל קֵיבָה (ז)
intoxicação (f) alimentar	har'alat mazon	הַרעָלַת מָזוֹן (נ)
intoxicar-se	laxatof har'alat mazon	לַחֲטוֹף הַרעָלַת מָזוֹן
artrite (f)	da'leket mifrakim	דַלֶקֶת מִפרָקִים (נ)
raquitismo (m)	ra'kexet	רַכֶּכֶת (נ)
reumatismo (m)	ʃigaron	שִיגָרוֹן (ז)
arteriosclerose (f)	ar'teryo skle'rosis	אַרטֶריוֹ־סקלֶרוֹסִיס (ז)
gastrite (f)	da'leket keiva	דַלֶקֶת קֵיבָה (נ)
apendicite (f)	da'leket toseftan	דַלֶקֶת תוֹספְּתָן (נ)

colecistite (f)	da'leket kis hamara	דַלֶקֶת כִּיס הַמָרָה (נ)
úlcera (f)	'ulkus, kiv	אוּלקוּס, כִּיב (ז)
sarampo (m)	χa'tsevet	חַצֶבֶת (נ)
rubéola (f)	a'demet	אַדֶמֶת (נ)
icterícia (f)	tsa'hevet	צַהֶבֶת (נ)
hepatite (f)	da'leket kaved	דַלֶקֶת כָּבֵד (נ)
esquizofrenia (f)	sχizo'frenya	סכִיזוֹפרֶניָה (נ)
raiva (f)	ka'levet	כַּלֶבֶת (נ)
neurose (f)	noi'roza	נוֹירוֹזָה (נ)
comoção (f) cerebral	za'a'zu'a 'moaχ	זַעֲזוּעַ מוֹחַ (ז)
cancro (m)	sartan	סַרטָן (ז)
esclerose (f)	ta'reʃet	טָרֶשֶת (נ)
esclerose (f) múltipla	ta'reʃet nefotsa	טָרֶשֶת נְפוֹצָה (נ)
alcoolismo (m)	alkoholizm	אַלכּוֹהוֹלִיזם (ז)
alcoólico (m)	alkoholist	אַלכּוֹהוֹלִיסט (ז)
sífilis (f)	a'gevet	עַגֶבֶת (נ)
SIDA (f)	eids	אֵיידס (ז)
tumor (m)	gidul	גִידוּל (ז)
maligno	mam'ir	מַמאִיר
benigno	ʃapir	שַפִיר
febre (f)	ka'daχat	קַדַחַת (נ)
malária (f)	ma'larya	מָלַריָה (נ)
gangrena (f)	gan'grena	גַנגרֶנָה (נ)
enjoo (m)	maχalat yam	מַחֲלַת יָם (נ)
epilepsia (f)	maχalat hanefila	מַחֲלַת הַנְפִילָה (נ)
epidemia (f)	magefa	מַגֵיפָה (נ)
tifo (m)	'tifus	טִיפוּס (ז)
tuberculose (f)	ʃa'χefet	שַחֶפֶת (נ)
cólera (f)	ko'lera	כּוֹלֵרָה (נ)
peste (f)	davar	דֶבֶר (ז)

48. Sintomas. Tratamentos. Parte 1

sintoma (m)	simptom	סִימפּטוֹם (ז)
temperatura (f)	χom	חוֹם (ז)
febre (f)	χom ga'voha	חוֹם גָבוֹהַ (ז)
pulso (m)	'dofek	דוֹפֶק (ז)
vertigem (f)	sχar'χoret	סחַרחוֹרֶת (נ)
quente (testa, etc.)	χam	חַם
calafrio (m)	tsmar'moret	צמַרמוֹרֶת (נ)
pálido	χiver	חִיוֵר
tosse (f)	ʃi'ul	שִיעוּל (ז)
tossir (vi)	lehiʃta'el	לְהִשתַעֵל
espirrar (vi)	lehit'ateʃ	לְהִתעַטֵש
desmaio (m)	ilafon	עִילָפוֹן (ז)

desmaiar (vi)	lehit'alef	לְהִתְעַלֵּף
nódoa (f) negra	xabura	חַבּוּרָה (נ)
galo (m)	blita	בְּלִיטָה (נ)
magoar-se (vr)	lekabel maka	לְקַבֵּל מַכָּה
pisadura (f)	maka	מַכָּה (נ)
aleijar-se (vr)	lekabel maka	לְקַבֵּל מַכָּה
coxear (vi)	lits'lo'a	לִצְלוֹעַ
deslocação (f)	'neka	נֶקַע (ז)
deslocar (vt)	lin'ko'a	לִנְקוֹעַ
fratura (f)	'ʃever	שֶׁבֶר (ז)
fraturar (vt)	liʃbor	לִשְׁבּוֹר
corte (m)	xatax	חָתָךְ (ז)
cortar-se (vr)	lehixatex	לְהֵיחָתֵךְ
hemorragia (f)	dimum	דִימוּם (ז)
queimadura (f)	kviya	כְּווִיָה (נ)
queimar-se (vr)	laxatof kviya	לַחֲטוֹף כְּווִיָה
picar (vt)	lidkor	לִדְקוֹר
picar-se (vr)	lehidaker	לְהִידָקֵר
lesionar (vt)	lif'tso'a	לִפְצוֹעַ
lesão (m)	ptsi'a	פְּצִיעָה (נ)
ferida (f), ferimento (m)	'petsa	פֶּצַע (ז)
trauma (m)	'tra'uma	טְרָאוּמָה (נ)
delirar (vi)	lahazot	לַהֲזוֹת
gaguejar (vi)	legamgem	לְגַמְגֵם
insolação (f)	makat 'ʃemeʃ	מַכַּת שֶׁמֶשׁ (נ)

49. Sintomas. Tratamentos. Parte 2

dor (f)	ke'ev	כְּאֵב (ז)
farpa (no dedo)	kots	קוֹץ (ז)
suor (m)	ze'a	זֵיעָה (נ)
suar (vi)	leha'zi'a	לְהַזִיעַ
vómito (m)	haka'a	הֲקָאָה (נ)
convulsões (f pl)	pirkusim	פִּירְכּוּסִים (ז"ר)
grávida	hara	הָרָה
nascer (vi)	lehivaled	לְהִיווָלֵד
parto (m)	leda	לֵידָה (נ)
dar à luz	la'ledet	לָלֶדֶת
aborto (m)	hapala	הַפָּלָה (נ)
respiração (f)	neʃima	נְשִׁימָה (נ)
inspiração (f)	ʃe'ifa	שְׁאִיפָה (נ)
expiração (f)	neʃifa	נְשִׁיפָה (נ)
expirar (vi)	linʃof	לִנְשׁוֹף
inspirar (vi)	liʃ'of	לִשְׁאוֹף
inválido (m)	naxe	נָכֶה (ז)
aleijado (m)	naxe	נָכֶה (ז)

toxicodependente (m)	narkoman	נַרקוֹמָן (ז)
surdo	xereʃ	חֵירֵשׁ
mudo	ilem	אִילֵם
surdo-mudo	xereʃ-ilem	חֵירֵשׁ־אִילֵם
louco (adj.)	meʃuga	מְשׁוּגָע
louco (m)	meʃuga	מְשׁוּגָע (ז)
louca (f)	meʃu'ga'at	מְשׁוּגַעַת (נ)
ficar louco	lehiʃta'ge'a	לְהִשׁתַגֵע
gene (m)	gen	גֵן (ז)
imunidade (f)	xasinut	חָסִינוּת (נ)
hereditário	toraʃti	תוֹרַשׁתִי
congénito	mulad	מוּלָד
vírus (m)	'virus	וִירוּס (ז)
micróbio (m)	xaidak	חַיידַק (ז)
bactéria (f)	bak'terya	בַקטֶריָה (נ)
infeção (f)	zihum	זִיהוּם (ז)

50. Sintomas. Tratamentos. Parte 3

hospital (m)	beit xolim	בֵּית חוֹלִים (ז)
paciente (m)	metupal	מְטוּפָּל (ז)
diagnóstico (m)	avxana	אַבחָנָה (נ)
cura (f)	ripui	רִיפּוּי (ז)
tratamento (m) médico	tipul refu'i	טִיפּוּל רְפוּאִי (ז)
curar-se (vr)	lekabel tipul	לְקַבֵּל טִיפּוּל
tratar (vt)	letapel be…	לְטַפֵּל בְּ…
cuidar (pessoa)	letapel be…	לְטַפֵּל בְּ…
cuidados (m pl)	tipul	טִיפּוּל (ז)
operação (f)	ni'tuax	נִיתוּחַ (ז)
enfaixar (vt)	laxboʃ	לַחבּוֹשׁ
enfaixamento (m)	xaviʃa	תַבִּישׁח (נ)
vacinação (f)	xisun	חִיסוּן (ז)
vacinar (vt)	lexasen	לְחַסֵן
injeção (f)	zrika	זרִיקָה (נ)
dar uma injeção	lehazrik	לְהַזרִיק
ataque (~ de asma, etc.)	hetkef	הֶתקֵף (ז)
amputação (f)	kti'a	קטִיעָה (נ)
amputar (vt)	lik'to'a	לִקטוֹעַ
coma (f)	tar'demet	תַרדֶמֶת (נ)
estar em coma	lihyot betar'demet	לִהיוֹת בְּתַרדֶמֶת
reanimação (f)	tipul nimrats	טִיפּוּל נִמרָץ (ז)
recuperar-se (vr)	lehaxlim	לְהַחלִים
estado (~ de saúde)	matsav	מַצָב (ז)
consciência (f)	hakara	הַכָּרָה (נ)
memória (f)	zikaron	זִיכָּרוֹן (ז)
tirar (vt)	la'akor	לַעֲקוֹר

chumbo (m), obturação (f)	stima	סְתִימָה (נ)
chumbar, obturar (vt)	laʿasot stima	לַעֲשׂוֹת סְתִימָה
hipnose (f)	hipʻnoza	הִיפְּנוֹזָה (נ)
hipnotizar (vt)	lehapnet	לְהַפְנֵט

51. Médicos

médico (m)	rofe	רוֹפֵא (ז)
enfermeira (f)	aχot	אָחוֹת (נ)
médico (m) pessoal	rofe iʃi	רוֹפֵא אִישִׁי (ז)
dentista (m)	rofe ʃiʻnayim	רוֹפֵא שִׁינַּיִים (ז)
oculista (m)	rofe eiʻnayim	רוֹפֵא עֵינַיִים (ז)
terapeuta (m)	rofe pnimi	רוֹפֵא פְּנִימִי (ז)
cirurgião (m)	kirurg	כִּירוּרג (ז)
psiquiatra (m)	psiχiʼʼater	פְּסִיכִיאָטֶר (ז)
pediatra (m)	rofe yeladim	רוֹפֵא יְלָדִים (ז)
psicólogo (m)	psiχolog	פְּסִיכוֹלוֹג (ז)
ginecologista (m)	rofe naʃim	רוֹפֵא נָשִׁים (ז)
cardiologista (m)	kardyolog	קַרְדִיוֹלוֹג (ז)

52. Medicina. Drogas. Acessórios

medicamento (m)	trufa	תְּרוּפָה (נ)
remédio (m)	trufa	תְּרוּפָה (נ)
receitar (vt)	lirʃom	לִרְשׁוֹם
receita (f)	mirʃam	מִרְשָׁם (ז)
comprimido (m)	kadur	כַּדוּר (ז)
pomada (f)	miʃχa	מִשְׁחָה (נ)
ampola (f)	ʻampula	אַמְפּוּלָה (נ)
preparado (m)	taʿaʻrovet	תַעֲרוֹבֶת (נ)
xarope (m)	sirop	סִירוֹפּ (ז)
cápsula (f)	gluya	גְלוּיָה (נ)
remédio (m) em pó	avka	אַבְקָה (נ)
ligadura (f)	taχʻboʃet ʻgaza	תַחְבּוֹשֶׁת גָּאזָה (נ)
algodão (m)	ʻtsemer ʻgefen	צֶמֶר גֶּפֶן (ז)
iodo (m)	yod	יוֹד (ז)
penso (m) rápido	ʻplaster	פְּלַסְטֶר (ז)
conta-gotas (m)	tafʻtefet	טַפְטֶפֶת (נ)
termómetro (m)	madχom	מַדחוֹם (ז)
seringa (f)	mazrek	מַזְרֵק (ז)
cadeira (f) de rodas	kise galgalim	כִּיסֵא גַלְגַלִים (ז)
muletas (f pl)	kaʻbayim	קַבַּיִים (ז״ר)
analgésico (m)	meʃakeχ keʼevim	מְשַׁכֵּךְ כְּאֵבִים (ז)
laxante (m)	trufa meʃalʻʃelet	תְּרוּפָה מְשַׁלְשֶׁלֶת (נ)

álcool (m) etílico	'kohal	כּוֹהַל (ז)
ervas (f pl) medicinais	isvei marpe	עִשְׂבֵי מַרְפֵּא (ז״ר)
de ervas (chá ~)	ʃel asavim	שֶׁל עֲשָׂבִים

HABITAT HUMANO

Cidade

53. Cidade. Vida na cidade

cidade (f)	ir	עִיר (נ)
capital (f)	ir bira	עִיר בִּירָה (נ)
aldeia (f)	kfar	כְּפָר (ז)
mapa (m) da cidade	mapat ha'ir	מַפַּת הָעִיר (נ)
centro (m) da cidade	merkaz ha'ir	מֶרְכַּז הָעִיר (ז)
subúrbio (m)	parvar	פַּרְוָור (ז)
suburbano	parvari	פַּרְווָרִי
periferia (f)	parvar	פַּרְוָור (ז)
arredores (m pl)	svivot	סבִיבוֹת (נ״ר)
quarteirão (m)	ʃxuna	שׁכוּנָה (נ)
quarteirão (m) residencial	ʃxunat megurim	שׁכוּנַת מְגוּרִים (נ)
tráfego (m)	tnuʻa	תנוּעָה (נ)
semáforo (m)	ramzor	רַמזוֹר (ז)
transporte (m) público	taxbura tsiburit	תַחבּוּרָה צִיבּוּרִית (נ)
cruzamento (m)	'tsomet	צוֹמֶת (ז)
passadeira (f)	maʻavar xatsaya	מַעֲבַר חֲצָיָה (ז)
passagem (f) subterrânea	maʻavar tat karkaʻi	מַעֲבָר תַת־קַרקָעִי (ז)
cruzar, atravessar (vt)	laxatsot	לַחֲצוֹת
peão (m)	holex 'regel	הוֹלֵך רֶגֶל (ז)
passeio (m)	midraxa	מִדרָכָה (נ)
ponte (f)	'geʃer	גֶשֶר (ז)
margem (f) do rio	ta'yelet	טַיֶילֶת (נ)
fonte (f)	mizraka	מִזרָקָה (נ)
alameda (f)	sdera	שׂדֵרָה (נ)
parque (m)	park	פַּארק (ז)
bulevar (m)	sdera	שׂדֵרָה (נ)
praça (f)	kikar	כִּיכָּר (נ)
avenida (f)	rexov raʃi	רְחוֹב רָאשִי (ז)
rua (f)	rexov	רְחוֹב (ז)
travessa (f)	simta	סִמטָה (נ)
beco (m) sem saída	mavoi satum	מָבוֹי סָתוּם (ז)
casa (f)	'bayit	בַּיִת (ז)
edifício, prédio (m)	binyan	בִּנִיָין (ז)
arranha-céus (m)	gored ʃxakim	גוֹרֵד שׁחָקִים (ז)
fachada (f)	xazit	חָזִית (נ)
telhado (m)	gag	גַג (ז)

janela (f)	χalon	חַלּוֹן (ז)
arco (m)	'keʃet	קֶשֶׁת (נ)
coluna (f)	amud	עַמּוּד (ז)
esquina (f)	pina	פִּינָה (נ)
montra (f)	χalon ra'ava	חַלּוֹן רַאֲוָה (ז)
letreiro (m)	'ʃelet	שֶׁלֶט (ז)
cartaz (m)	kraza	כְּרָזָה (נ)
cartaz (m) publicitário	'poster	פּוֹסְטֶר (ז)
painel (m) publicitário	'luaχ pirsum	לוּחַ פִּרְסוּם (ז)
lixo (m)	'zevel	זֶבֶל (ז)
cesta (f) do lixo	paχ aʃpa	פַּח אַשְׁפָּה (ז)
jogar lixo na rua	lelaχleχ	לְלַכְלֵךְ
aterro (m) sanitário	mizbala	מִזְבָּלָה (נ)
cabine (f) telefónica	ta 'telefon	תָּא טֶלֶפוֹן (ז)
candeeiro (m) de rua	amud panas	עַמּוּד פָּנָס (ז)
banco (m)	safsal	סַפְסָל (ז)
polícia (m)	ʃoter	שׁוֹטֵר (ז)
polícia (instituição)	miʃtara	מִשְׁטָרָה (נ)
mendigo (m)	kabtsan	קַבְּצָן (ז)
sem-abrigo (m)	χasar 'bayit	חֲסַר בַּיִת (ז)

54. Instituições urbanas

loja (f)	χanut	חֲנוּת (נ)
farmácia (f)	beit mir'kaχat	בֵּית מִרְקַחַת (ז)
ótica (f)	χanut miʃka'fayim	חֲנוּת מִשְׁקָפַיִים (נ)
centro (m) comercial	kanyon	קַנְיוֹן (ז)
supermercado (m)	super'market	סוּפֶּרְמַרְקֶט (ז)
padaria (f)	ma'afiya	מַאֲפִיָּה (נ)
padeiro (m)	ofe	אוֹפֶה (ז)
pastelaria (f)	χanut mamtakim	חֲנוּת מַמְתַּקִּים (נ)
mercearia (f)	ma'kolet	מַכּוֹלֶת (נ)
talho (m)	itliz	אִטְלִיז (ז)
loja (f) de legumes	χanut perot viyerakot	חֲנוּת פֵּירוֹת וִירָקוֹת (נ)
mercado (m)	ʃuk	שׁוּק (ז)
café (m)	beit kafe	בֵּית קָפֶה (ז)
restaurante (m)	mis'ada	מִסְעָדָה (נ)
bar (m), cervejaria (f)	pab	פָּאבּ (ז)
pizzaria (f)	pi'tseriya	פִּיצֶרְיָה (נ)
salão (m) de cabeleireiro	mispara	מִסְפָּרָה (נ)
correios (m pl)	'do'ar	דּוֹאַר (ז)
lavandaria (f)	nikui yaveʃ	נִיקּוּי יָבֵשׁ (ז)
estúdio (m) fotográfico	'studyo letsilum	סְטוּדְיוֹ לְצִילוּם (ז)
sapataria (f)	χanut na'alayim	חֲנוּת נַעֲלַיִים (נ)
livraria (f)	χanut sfarim	חֲנוּת סְפָרִים (נ)

loja (f) de artigos de desporto	χanut sport	חֲנוּת סְפּוֹרְט (נ)
reparação (f) de roupa	χanut tikun bgadim	חֲנוּת תִיקוּן בְּגָדִים (נ)
aluguer (m) de roupa	χanut haskarat bgadim	חֲנוּת הַשְׂכָּרַת בְּגָדִים (נ)
aluguer (m) de filmes	χanut haʃalat sratim	חֲנוּת הַשְׁאָלַת סְרָטִים (נ)
circo (m)	kirkas	קִרְקָס (ז)
jardim (m) zoológico	gan hayot	גַן חַיוֹת (ז)
cinema (m)	kolˈnoʻa	קוֹלְנוֹעַ (ז)
museu (m)	muzeʼon	מוּזֵיאוֹן (ז)
biblioteca (f)	sifriya	סִפְרִיָה (נ)
teatro (m)	teʼatron	תֵיאַטרוֹן (ז)
ópera (f)	beit ʻopera	בֵּית אוֹפֵּרָה (ז)
clube (m) noturno	moʻadon ʼlaila	מוֹעֲדוֹן לַיְלָה (ז)
casino (m)	kaˈzino	קָזִינוֹ (ז)
mesquita (f)	misgad	מִסְגָד (ז)
sinagoga (f)	beit ʻkneset	בֵּית כְּנֶסֶת (ז)
catedral (f)	katedˈrala	קָתֶדרָלָה (נ)
templo (m)	mikdaʃ	מִקְדָשׁ (ז)
igreja (f)	knesiya	כְּנֵסִיָה (נ)
instituto (m)	miχlala	מִכְלָלָה (נ)
universidade (f)	uniˈversita	אוּנִיבֶרְסִיטָה (נ)
escola (f)	beit ʻsefer	בֵּית סֵפֶר (ז)
prefeitura (f)	maχoz	מָחוֹז (ז)
câmara (f) municipal	iriya	עִירִיָה (נ)
hotel (m)	beit malon	בֵּית מָלוֹן (ז)
banco (m)	bank	בַּנק (ז)
embaixada (f)	ʃagrirut	שַׁגְרִירוּת (נ)
agência (f) de viagens	soχnut nesiʼot	סוֹכְנוּת נְסִיעוֹת (נ)
agência (f) de informações	modiˈin	מוֹדִיעִין (ז)
casa (f) de câmbio	misrad hamarat matbeʻa	מִשְׂרָד הֲמָרַת מַטְבֵּעַ (ז)
metro (m)	raˈkevet taχtit	רַכֶּבֶת תַחְתִית (נ)
hospital (m)	beit χolim	בֵּית חוֹלִים (ז)
posto (m) de gasolina	taχanat ʻdelek	תַחֲנַת דֶלֶק (נ)
parque (m) de estacionamento	migraʃ χanaya	מִגרַשׁ חֲנָיָה (ז)

55. Sinais

letreiro (m)	ʼʃelet	שֶׁלֶט (ז)
inscrição (f)	modaʻa	מוֹדָעָה (נ)
cartaz, póster (m)	ʼposter	פּוֹסְטֶר (ז)
sinal (m) informativo	tamrur	תַמרוּר (ז)
seta (f)	χets	חַץ (ז)
aviso (advertência)	azhara	אַזהָקָה (נ)
sinal (m) de aviso	ʼʃelet azhara	שֶׁלֶט אַזהָרָה (ז)
avisar, advertir (vt)	lehazhir	לְהַזהִיר
dia (m) de folga	yom ʻχofeʃ	יוֹם חוֹפֶשׁ (ז)

Português	Transliteração	עברית
horário (m)	'luax zmanim	לוּחַ זְמַנִּים (ז)
horário (m) de funcionamento	ʃa'ot avoda	שְׁעוֹת עֲבוֹדָה (נ״ר)
BEM-VINDOS!	bruxim haba'im!	בְּרוּכִים הַבָּאִים!
ENTRADA	knisa	כְּנִיסָה
SAÍDA	yetsi'a	יְצִיאָה
EMPURRE	dxof	דְּחוֹף
PUXE	mʃox	מְשׁוֹךְ
ABERTO	pa'tuax	פָּתוּחַ
FECHADO	sagur	סָגוּר
MULHER	lenaʃim	לְנָשִׁים
HOMEM	legvarim	לִגְבָרִים
DESCONTOS	hanaxot	הֲנָחוֹת
SALDOS	mivtsa	מִבְצָע
NOVIDADE!	xadaʃ!	חָדָשׁ!
GRÁTIS	xinam	חִינָּם
ATENÇÃO!	sim lev!	שִׂים לֵב!
NÃO HÁ VAGAS	ein makom panui	אֵין מָקוֹם פָּנוּי
RESERVADO	ʃamur	שָׁמוּר
ADMINISTRAÇÃO	hanhala	הַנְהָלָה
SOMENTE PESSOAL AUTORIZADO	le'ovdim bilvad	לְעוֹבְדִים בִּלְבַד
CUIDADO CÃO FEROZ	zehirut 'kelev noʃex!	זְהִירוּת, כֶּלֶב נוֹשֵׁךְ!
PROIBIDO FUMAR!	asur le'aʃen!	אָסוּר לְעַשֵּׁן!
NÃO TOCAR	lo lagaat!	לֹא לָגַעַת!
PERIGOSO	mesukan	מְסוּכָּן
PERIGO	sakana	סַכָּנָה
ALTA TENSÃO	'metax ga'voha	מֶתַח גָּבוֹהַּ
PROIBIDO NADAR	haraxatsa asura!	הֲחַצָה אֲסוּרָה!
AVARIADO	lo ovod	לֹא עוֹבֵד
INFLAMÁVEL	dalik	דָּלִיק
PROIBIDO	asur	אָסוּר
ENTRADA PROIBIDA	asur la'avor	אָסוּר לַעֲבוֹר
CUIDADO TINTA FRESCA	'tseva lax	צֶבַע לַח

56. Transportes urbanos

Português	Transliteração	עברית
autocarro (m)	'otobus	אוֹטוֹבּוּס (ז)
elétrico (m)	ra'kevet kala	רַכֶּבֶת קַלָּה (נ)
troleicarro (m)	tro'leibus	טְרוֹלֵיבּוּס (ז)
itinerário (m)	maslul	מַסְלוּל (ז)
número (m)	mispar	מִסְפָּר (ז)
ir de ... (carro, etc.)	lin'so'a be...	לִנְסוֹעַ בְּ...
entrar (~ no autocarro)	la'alot	לַעֲלוֹת
descer de ...	la'redet mi...	לָרֶדֶת מִ...

paragem (f)	taxana	תַּחֲנָה (נ)
próxima paragem (f)	hataxana haba'a	הַתַּחֲנָה הַבָּאָה (נ)
ponto (m) final	hataxana ha'axrona	הַתַּחֲנָה הָאַחֲרוֹנָה (נ)
horário (m)	'luax zmanim	לוּחַ זְמַנִּים (ז)
esperar (vt)	lehamtin	לְהַמְתִּין

| bilhete (m) | kartis | כַּרְטִיס (ז) |
| custo (m) do bilhete | mexir hanesiya | מְחִיר הַנְּסִיעָה (ז) |

bilheteiro (m)	kupai	קוּפַּאי (ז)
controlo (m) dos bilhetes	bi'koret kartisim	בִּיקּוֹרֶת כַּרְטִיסִים (נ)
revisor (m)	mevaker	מְבַקֵּר (ז)

atrasar-se (vr)	le'axer	לְאַחֵר
perder (o autocarro, etc.)	lefasfes	לְפַסְפֵס
estar com pressa	lemaher	לְמַהֵר

táxi (m)	monit	מוֹנִית (נ)
taxista (m)	nahag monit	נֶהַג מוֹנִית (ז)
de táxi (ir ~)	bemonit	בְּמוֹנִית
praça (f) de táxis	taxanat moniyot	תַּחֲנַת מוֹנִיּוֹת (נ)
chamar um táxi	lehazmin monit	לְהַזְמִין מוֹנִית
apanhar um táxi	la'kaxat monit	לָקַחַת מוֹנִית

tráfego (m)	tnu'a	תְּנוּעָה (נ)
engarrafamento (m)	pkak	פְּקָק (ז)
horas (f pl) de ponta	ʃa'ot 'omes	שְׁעוֹת עוֹמֶס (נ"ר)
estacionar (vi)	laxanot	לַחֲנוֹת
estacionar (vt)	lehaxnot	לְהַחְנוֹת
parque (m) de estacionamento	xanaya	חֲנָיָה (נ)

metro (m)	ra'kevet taxtit	רַכֶּבֶת תַּחְתִּית (נ)
estação (f)	taxana	תַּחֲנָה (נ)
ir de metro	lin'so'a betaxtit	לִנְסוֹעַ בְּתַחְתִּית
comboio (m)	ra'kevet	רַכֶּבֶת (נ)
estação (f)	taxanat ra'kevet	תַּחֲנַת רַכֶּבֶת (נ)

57. Turismo

monumento (m)	an'darta	אַנְדַּרְטָה (נ)
fortaleza (f)	mivtsar	מִבְצָר (ז)
palácio (m)	armon	אַרְמוֹן (ז)
castelo (m)	tira	טִירָה (נ)
torre (f)	migdal	מִגְדָּל (ז)
mausoléu (m)	ma'uzo'le'um	מָאוּזוֹלֵיאוּם (ז)

arquitetura (f)	adrixalut	אַדְרִיכָלוּת (נ)
medieval	benaimi	בֵּינַיְימִי
antigo	atik	עַתִּיק
nacional	le'umi	לְאוּמִי
conhecido	mefursam	מְפוּרְסָם

| turista (m) | tayar | תַּיָּיר (ז) |
| guia (pessoa) | madrix tiyulim | מַדְרִיךְ טִיּוּלִים (ז) |

excursão (f)	tiyul	טִיוּל (ז)
mostrar (vt)	lehar'ot	לְהַרְאוֹת
contar (vt)	lesaper	לְסַפֵּר
encontrar (vt)	limtso	לִמְצוֹא
perder-se (vr)	la'lexet le'ibud	לָלֶכֶת לְאִיבּוּד
mapa (~ do metrô)	mapa	מַפָּה (נ)
mapa (~ da cidade)	tarʃim	תַרְשִׁים (ז)
lembrança (f), presente (m)	maz'keret	מַזְכֶּרֶת (נ)
loja (f) de presentes	xanut matanot	חֲנוּת מַתָּנוֹת (נ)
fotografar (vt)	letsalem	לְצַלֵם
fotografar-se	lehitstalem	לְהִצְטַלֵם

58. Compras

comprar (vt)	liknot	לִקְנוֹת
compra (f)	kniya	קְנִיָה (נ)
fazer compras	la'lexet lekniyot	לָלֶכֶת לִקְנִיוֹת
compras (f pl)	arixat kniyot	עֲרִיכַת קְנִיוֹת (נ)
estar aberta (loja, etc.)	pa'tuax	פָּתוּחַ
estar fechada	sagur	סָגוּר
calçado (m)	na'a'layim	נַעֲלַיִים (ז"ר)
roupa (f)	bgadim	בְּגָדִים (ז"ר)
cosméticos (m pl)	tamrukim	תַמְרוּקִים (ז"ר)
alimentos (m pl)	mutsrei mazon	מוּצְרֵי מָזוֹן (ז"ר)
presente (m)	matana	מַתָּנָה (נ)
vendedor (m)	moxer	מוֹכֵר (ז)
vendedora (f)	mo'xeret	מוֹכֶרֶת (נ)
caixa (f)	kupa	קוּפָּה (נ)
espelho (m)	mar'a	מַרְאָה (נ)
balcão (m)	duxan	דוּכָן (ז)
cabine (f) de provas	'xeder halbaʃa	חֲדַר הַלְבָּשָׁה (ז)
provar (vt)	limdod	לִמְדוֹד
servir (vi)	lehat'im	לְהַתְאִים
gostar (apreciar)	limtso xen be'ei'nayim	לִמְצוֹא חֵן בְּעֵינַיִים
preço (m)	mexir	מְחִיר (ז)
etiqueta (f) de preço	tag mexir	תָּג מְחִיר (ז)
custar (vt)	la'alot	לַעֲלוֹת
Quanto?	'kama?	כַּמָה?
desconto (m)	hanaxa	הֲנָחָה (נ)
não caro	lo yakar	לֹא יָקָר
barato	zol	זוֹל
caro	yakar	יָקָר
É caro	ze yakar	זֶה יָקָר
aluguer (m)	haskara	הַשְׂכָּרָה (נ)
alugar (vestidos, etc.)	liskor	לִשְׂכּוֹר

| crédito (m) | aʃrai | אַשְׁרַאי (ז) |
| a crédito | be'aʃrai | בָּאַשְׁרַאי |

59. Dinheiro

dinheiro (m)	'kesef	כֶּסֶף (ז)
câmbio (m)	hamara	הֲמָרָה (נ)
taxa (f) de câmbio	ʃa'ar χalifin	שַׁעַר חֲלִיפִין (ז)
Caixa Multibanco (m)	kaspomat	כַּסְפּוֹמָט (ז)
moeda (f)	mat'be'a	מַטְבֵּעַ (ז)

| dólar (m) | 'dolar | דּוֹלָר (ז) |
| euro (m) | 'eiro | אֵירוֹ (ז) |

lira (f)	'lira	לִירָה (נ)
marco (m)	mark germani	מַרְק גֶּרְמָנִי (ז)
franco (m)	frank	פְרַנְק (ז)
libra (f) esterlina	'lira 'sterling	לִירָה שְׁטֶרְלִינְג (נ)
iene (m)	yen	יֶן (ז)

dívida (f)	χov	חוֹב (ז)
devedor (m)	'ba'al χov	בַּעַל חוֹב (ז)
emprestar (vt)	lehalvot	לְהַלְווֹת
pedir emprestado	lilvot	לִלְווֹת

banco (m)	bank	בַּנְק (ז)
conta (f)	χeʃbon	חֶשְׁבּוֹן (ז)
depositar (vt)	lehafkid	לְהַפְקִיד
depositar na conta	lehafkid leχeʃbon	לְהַפְקִיד לְחֶשְׁבּוֹן
levantar (vt)	limʃoχ meχeʃbon	לִמְשׁוֹךְ מֵחֶשְׁבּוֹן

cartão (m) de crédito	kartis aʃrai	כַּרְטִיס אַשְׁרַאי (ז)
dinheiro (m) vivo	mezuman	מְזוּמָן
cheque (m)	tʃek	צֶ'ק (ז)
passar um cheque	liχtov tʃek	לִכְתּוֹב צֶ'ק
livro (m) de cheques	pinkas 'tʃekim	פִּנְקַס צֶ'קִים (ז)

carteira (f)	arnak	אַרְנָק (ז)
porta-moedas (m)	arnak lematbe''ot	אַרְנָק לְמַטְבְּעוֹת (ז)
cofre (m)	ka'sefet	כַּסֶּפֶת (נ)

herdeiro (m)	yoreʃ	יוֹרֵשׁ (ז)
herança (f)	yeruʃa	יְרוּשָׁה (נ)
fortuna (riqueza)	'oʃer	עוֹשֶׁר (ז)

arrendamento (m)	χoze sχirut	חוֹזֶה שְׂכִירוּת (ז)
renda (f) de casa	sχar dira	שְׂכַר דִּירָה (ז)
alugar (vt)	liskor	לִשְׂכּוֹר

preço (m)	meχir	מְחִיר (ז)
custo (m)	alut	עָלוּת (נ)
soma (f)	sχum	סְכוּם (ז)
gastar (vt)	lehotsi	לְהוֹצִיא
gastos (m pl)	hotsa'ot	הוֹצָאוֹת (נ״ר)

economizar (vi)	laxasox	לַחְסוֹךְ
económico	xesxoni	חִסְכוֹנִי
pagar (vt)	leʃalem	לְשַׁלֵם
pagamento (m)	taʃlum	תַשְׁלוּם (ז)
troco (m)	'odef	עוֹדֶף (ז)
imposto (m)	mas	מַס (ז)
multa (f)	knas	קְנָס (ז)
multar (vt)	liknos	לִקְנוֹס

60. Correios. Serviço postal

correios (m pl)	'do'ar	דוֹאַר (ז)
correio (m)	'do'ar	דוֹאַר (ז)
carteiro (m)	davar	דַוָר (ז)
horário (m)	ʃa'ot avoda	שְׁעוֹת עֲבוֹדָה (נ"ר)
carta (f)	mixtav	מִכְתָב (ז)
carta (f) registada	mixtav raʃum	מִכְתָב רָשׁוּם (ז)
postal (m)	gluya	גְלוּיָה (נ)
telegrama (m)	mivrak	מִבְרָק (ז)
encomenda (f) postal	xavila	חֲבִילָה (נ)
remessa (f) de dinheiro	ha'avarat ksafim	הַעֲבָרַת כְּסָפִים (נ)
receber (vt)	lekabel	לְקַבֵּל
enviar (vt)	liʃ'loax	לִשְׁלוֹחַ
envio (m)	ʃlixa	שְׁלִיחָה (נ)
endereço (m)	'ktovet	כְּתוֹבֶת (נ)
código (m) postal	mikud	מִיקוּד (ז)
remetente (m)	ʃo'leax	שׁוֹלֵחַ (ז)
destinatário (m)	nim'an	נִמְעָן (ז)
nome (m)	ʃem prati	שֵׁם פְּרָטִי (ז)
apelido (m)	ʃem miʃpaxa	שֵׁם מִשְׁפָּחָה (ז)
tarifa (f)	ta'arif	תַעֲרִיף (ז)
ordinário	ragil	רָגִיל
económico	xesxoni	חִסְכוֹנִי
peso (m)	miʃkal	מִשְׁקָל (ז)
pesar (estabelecer o peso)	liʃkol	לִשְׁקוֹל
envelope (m)	ma'atafa	מַעֲטָפָה (נ)
selo (m)	bul 'do'ar	בּוּל דוֹאַר (ז)
colar o selo	lehadbik bul	לְהַדְבִּיק בּוּל

Moradia. Casa. Lar

61. Casa. Eletricidade

eletricidade (f)	ҳaʃmal	חַשְׁמַל (ז)
lâmpada (f)	nura	נוּרָה (נ)
interruptor (m)	'meteg	מֶתֶג (ז)
fusível (m)	natiҳ	נָתִיךְ (ז)
fio, cabo (m)	ҳut	חוּט (ז)
instalação (f) elétrica	ҳivut	חִיווּט (ז)
contador (m) de eletricidade	mone ҳaʃmal	מוֹנֶה חַשְׁמַל (ז)
indicação (f), registo (m)	kri'a	קְרִיאָה (נ)

62. Moradia. Mansão

casa (f) de campo	'bayit bakfar	בַּיִת בַּכְּפָר (ז)
vila (f)	'vila	וִילָה (נ)
ala (~ do edifício)	agaf	אֲגַף (ז)
jardim (m)	gan	גַן (ז)
parque (m)	park	פָּארְק (ז)
estufa (f)	ҳamama	חֲמָמָה (נ)
cuidar de ...	legadel	לְגַדֵל
piscina (f)	breҳat sҳiya	בְּרֵיכַת שְׂחִייָה (נ)
ginásio (m)	'ҳeder 'koʃer	חֶדֶר כּוֹשֶׁר (ז)
campo (m) de ténis	migraʃ 'tenis	מִגְרַשׁ טֶנִיס (ז)
cinema (m)	'ҳeder hakrana beiti	חֶדֶר הַקְרָנָה בֵּיתִי (ז)
garagem (f)	musaҳ	מוּסָךְ (ז)
propriedade (f) privada	reҳuʃ prati	רְכוּשׁ פְּרָטִי (ז)
terreno (m) privado	ʃetaҳ prati	שֶׁטַח פְּרָטִי (ז)
advertência (f)	azhara	אַזְהָרָה (נ)
sinal (m) de aviso	ʃelet azhara	שֶׁלֶט אַזְהָרָה (ז)
guarda (f)	avtaҳa	אַבְטָחָה (נ)
guarda (m)	ʃomer	שׁוֹמֵר (ז)
alarme (m)	ma'a'reҳet az'aka	מַעֲרֶכֶת אַזְעָקָה (נ)

63. Apartamento

apartamento (m)	dira	דִירָה (נ)
quarto (m)	'ҳeder	חֶדֶר (ז)
quarto (m) de dormir	ҳadar ʃena	חֲדַר שֵׁינָה (ז)

sala (f) de jantar	pinat 'oχel	פִּינַת אוֹכֶל (נ)
sala (f) de estar	salon	סָלוֹן (ז)
escritório (m)	χadar avoda	חֲדַר עֲבוֹדָה (ז)
antessala (f)	prozdor	פְּרוֹזְדוֹר (ז)
quarto (m) de banho	χadar am'batya	חֲדַר אַמְבַּטְיָה (ז)
toilette (lavabo)	ʃerutim	שֵׁירוּתִים (ז"ר)
teto (m)	tikra	תִּקְרָה (נ)
chão, soalho (m)	ritspa	רִצְפָּה (נ)
canto (m)	pina	פִּינָה (נ)

64. Mobiliário. Interior

mobiliário (m)	rehitim	רָהִיטִים (ז"ר)
mesa (f)	ʃulχan	שׁוּלְחָן (ז)
cadeira (f)	kise	כִּסֵּא (ז)
cama (f)	mita	מִיטָה (נ)
divã (m)	sapa	סַפָּה (נ)
cadeirão (m)	kursa	כּוּרְסָה (נ)
estante (f)	aron sfarim	אֲרוֹן סְפָרִים (ז)
prateleira (f)	madaf	מַדָּף (ז)
guarda-vestidos (m)	aron bgadim	אֲרוֹן בְּגָדִים (ז)
cabide (m) de parede	mitle	מִתְלֶה (ז)
cabide (m) de pé	mitle	מִתְלֶה (ז)
cómoda (f)	ʃida	שִׁידָה (נ)
mesinha (f) de centro	ʃulχan itonim	שׁוּלְחַן עִיתּוֹנִים (ז)
espelho (m)	mar'a	מַרְאָה (נ)
tapete (m)	ʃa'tiaχ	שָׁטִיחַ (ז)
tapete (m) pequeno	ʃa'tiaχ	שָׁטִיחַ (ז)
lareira (f)	aχ	אָח (נ)
vela (f)	ner	נֵר (ז)
castiçal (m)	pamot	פָּמוֹט (ז)
cortinas (f pl)	vilonot	וִילוֹנוֹת (ז"ר)
papel (m) de parede	tapet	טַפֶּט (ז)
estores (f pl)	trisim	תְּרִיסִים (ז"ר)
candeeiro (m) de mesa	menorat ʃulχan	מְנוֹרַת שׁוּלְחָן (נ)
candeeiro (m) de parede	menorat kir	מְנוֹרַת קִיר (נ)
candeeiro (m) de pé	menora o'medet	מְנוֹרָה עוֹמֶדֶת (נ)
lustre (m)	niv'reʃet	נִבְרֶשֶׁת (נ)
pé (de mesa, etc.)	'regel	רֶגֶל (נ)
braço (m)	miʃ"enet yad	מִשְׁעֶנֶת יָד (נ)
costas (f pl)	miʃ"enet	מִשְׁעֶנֶת (נ)
gaveta (f)	megera	מְגֵירָה (נ)

T&P Books. Vocabulário Português-Hebraico - 5000 palavras

65. Quarto de dormir

roupa (f) de cama	matsa'im	מַצָּעִים (ז"ר)
almofada (f)	karit	כָּרִית (נ)
fronha (f)	tsipit	צִיפִית (נ)
cobertor (m)	smixa	שְׂמִיכָה (נ)
lençol (m)	sadin	סָדִין (ז)
colcha (f)	kisui mita	כִּיסוּי מִיטָה (ז)

66. Cozinha

cozinha (f)	mitbax	מִטְבָּח (ז)
gás (m)	gaz	גָז (ז)
fogão (m) a gás	tanur gaz	תַּנוּר גָז (ז)
fogão (m) elétrico	tanur xaʃmali	תַּנוּר חַשְׁמַלִי (ז)
forno (m)	tanur afiya	תַּנוּר אֲפִיָיה (ז)
forno (m) de micro-ondas	mikrogal	מִיקְרוֹגַל (ז)

frigorífico (m)	mekarer	מְקָרֵר (ז)
congelador (m)	makpi	מַקְפִּיא (ז)
máquina (f) de lavar louça	me'diax kelim	מֵדִיחַ כֵּלִים (ז)

moedor (m) de carne	matxenat basar	מַטְחֵנַת בָּשָׂר (נ)
espremedor (m)	masxeta	מַסְחֵטָה (נ)
torradeira (f)	'toster	טוֹסְטֶר (ז)
batedeira (f)	'mikser	מִיקְסֶר (ז)

máquina (f) de café	mexonat kafe	מְכוֹנַת קָפֶה (נ)
cafeteira (f)	findʒan	פִינְג'אן (ז)
moinho (m) de café	matxenat kafe	מַטְחֵנַת קָפֶה (נ)

chaleira (f)	kumkum	קוּמְקוּם (ז)
bule (m)	kumkum	קוּמְקוּם (ז)
tampa (f)	mixse	מִכְסֶה (ז)
coador (m) de chá	mis'nenet te	מְסַנֶנֶת תֵה (נ)

colher (f)	kaf	כַּף (נ)
colher (f) de chá	kapit	כַּפִּית (נ)
colher (f) de sopa	kaf	כַּף (נ)
garfo (m)	mazleg	מַזְלֵג (ז)
faca (f)	sakin	סַכִּין (ז, נ)

louça (f)	kelim	כֵּלִים (ז"ר)
prato (m)	tsa'laxat	צַלַחַת (נ)
pires (m)	taxtit	תַּחְתִּית (נ)

cálice (m)	kosit	כּוֹסִית (נ)
copo (m)	kos	כּוֹס (נ)
chávena (f)	'sefel	סֵפֶל (ז)

açucareiro (m)	mis'keret	מִסְכֶּרֶת (נ)
saleiro (m)	milxiya	מִלְחִיָיה (נ)
pimenteiro (m)	pilpeliya	פִּלְפְּלִיָיה (נ)

manteigueira (f)	maχame'a	מַחְמָאָה (ז)
panela, caçarola (f)	sir	סִיר (ז)
frigideira (f)	maχvat	מַחְבַת (נ)
concha (f)	tarvad	תַרְוָד (ז)
passador (m)	mis'nenet	מִסְנֶנֶת (נ)
bandeja (f)	magaʃ	מַגָש (ז)
garrafa (f)	bakbuk	בַּקְבּוּק (ז)
boião (m) de vidro	tsin'tsenet	צִנְצֶנֶת (נ)
lata (f)	paχit	פַּחִית (נ)
abre-garrafas (m)	potχan bakbukim	פּוֹתְחָן בַּקְבּוּקִים (ז)
abre-latas (m)	potχan kufsa'ot	פּוֹתְחָן קוּפְסָאוֹת (ז)
saca-rolhas (m)	maχlets	מַחְלֵץ (ז)
filtro (m)	'filter	פִילְטֶר (ז)
filtrar (vt)	lesanen	לְסַנֵּן
lixo (m)	'zevel	זֶבֶל (ז)
balde (m) do lixo	paχ 'zevel	פַּח זֶבֶל (ז)

67. Casa de banho

quarto (m) de banho	χadar am'batya	חֲדַר אַמְבַּטְיָה (ז)
água (f)	'mayim	מַיִם (ז"ר)
torneira (f)	'berez	בֶּרֶז (ז)
água (f) quente	'mayim χamim	מַיִם חָמִים (ז"ר)
água (f) fria	'mayim karim	מַיִם קָרִים (ז"ר)
pasta (f) de dentes	miʃχat ʃi'nayim	מִשְחַת שִׁינַּיִם (נ)
escovar os dentes	letsaχ'tseaχ ʃi'nayim	לְצַחְצֵחַ שִׁינַּיִם
escova (f) de dentes	miv'reʃet ʃi'nayim	מִבְרֶשֶת שִׁינַּיִם (נ)
barbear-se (vr)	lehitga'leaχ	לְהִתְגַלֵּחַ
espuma (f) de barbear	'ketsef gi'luaχ	קֶצֶף גִילוּחַ (ז)
máquina (f) de barbear	'ta'ar	תַעַר (ז)
lavar (vt)	liʃtof	לִשְטוֹף
lavar-se (vr)	lehitraχets	לְהִתְרַחֵץ
duche (m)	mik'laχat	מִקְלַחַת (נ)
tomar um duche	lehitka'leaχ	לְהִתְקַלֵּחַ
banheira (f)	am'batya	אַמְבַּטְיָה (נ)
sanita (f)	asla	אַסְלָה (נ)
lavatório (m)	kiyor	כִּיוֹר (ז)
sabonete (m)	sabon	סַבּוֹן (ז)
saboneteira (f)	saboniya	סַבּוֹנִיָה (נ)
esponja (f)	sfog 'lifa	סְפוֹג לִיפָה (ז)
champô (m)	ʃampu	שַמְפּוּ (ז)
toalha (f)	ma'gevet	מַגֶבֶת (נ)
roupão (m) de banho	χaluk raχatsa	חָלוּק רַחְצָה (ז)
lavagem (f)	kvisa	כְּבִיסָה (נ)
máquina (f) de lavar	meχonat kvisa	מְכוֹנַת כְּבִיסָה (נ)

lavar a roupa	leχabes	לְכַבֵּס
detergente (m)	avkat kvisa	אַבְקַת כְּבִיסָה (נ)

68. Eletrodomésticos

televisor (m)	tele'vizya	טֶלֶוִוִיזְיָה (נ)
gravador (m)	teip	טֵייפּ (ז)
videogravador (m)	maχʃir 'vide'o	מַכְשִׁיר וִידֵאוֹ (ז)
rádio (m)	'radyo	רַדְיוֹ (ז)
leitor (m)	nagan	נַגָּן (ז)
projetor (m)	makren	מַקְרֵן (ז)
cinema (m) em casa	kol'no'a beiti	קוֹלְנוֹעַ בֵּיתִי (ז)
leitor (m) de DVD	nagan dividi	נַגָּן DVD (ז)
amplificador (m)	magber	מַגְבֵּר (ז)
console (f) de jogos	maχʃir plei'steiʃen	מַכְשִׁיר פְּלֵייסְטֵיישֶׁן (ז)
câmara (f) de vídeo	matslemat 'vide'o	מַצְלֵמַת וִידֵאוֹ (נ)
máquina (f) fotográfica	matslema	מַצְלֵמָה (נ)
câmara (f) digital	matslema digi'talit	מַצְלֵמָה דִיגִיטָלִית (נ)
aspirador (m)	ʃo'ev avak	שׁוֹאֵב אָבָק (ז)
ferro (m) de engomar	maghets	מַגְהֵץ (ז)
tábua (f) de engomar	'kereʃ gihuts	קֶרֶשׁ גִיהוּץ (ז)
telefone (m)	'telefon	טֶלֶפוֹן (ז)
telemóvel (m)	'telefon nayad	טֶלֶפוֹן נַיָיד (ז)
máquina (f) de escrever	meχonat ktiva	מְכוֹנַת כְּתִיבָה (נ)
máquina (f) de costura	meχonat tfira	מְכוֹנַת תְּפִירָה (נ)
microfone (m)	mikrofon	מִיקְרוֹפוֹן (ז)
auscultadores (m pl)	ozniyot	אוֹזְנִיוֹת (נ"ר)
controlo remoto (m)	'ʃelet	שֶׁלֶט (ז)
CD (m)	taklitor	תַקְלִיטוֹר (ז)
cassete (f)	ka'letet	קַלֶטֶת (נ)
disco (m) de vinil	taklit	תַקְלִיט (ז)

ATIVIDADES HUMANAS

Emprego. Negócios. Parte 1

69. Escritório. O trabalho no escritório

escritório (~ de advogados)	misrad	מִשְׂרָד (ז)
escritório (do diretor, etc.)	misrad	מִשְׂרָד (ז)
receção (f)	kabala	קַבָּלָה (נ)
secretário (m)	mazkir	מַזְכִּיר (ז)
secretária (f)	mazkira	מַזְכִּירָה (נ)
diretor (m)	menahel	מְנַהֵל (ז)
gerente (m)	menahel	מְנַהֵל (ז)
contabilista (m)	menahel xeʃbonot	מְנַהֵל חֶשְׁבּוֹנוֹת (ז)
empregado (m)	oved	עוֹבֵד (ז)
mobiliário (m)	rehitim	רָהִיטִים (ז"ר)
mesa (f)	ʃulxan	שׁוּלְחָן (ז)
cadeira (f)	kursa	כּוּרְסָה (נ)
bloco (m) de gavetas	ʃidat megerot	שִׁידַת מְגֵירוֹת (נ)
cabide (m) de pé	mitle	מִתְלֶה (ז)
computador (m)	maxʃev	מַחְשֵׁב (ז)
impressora (f)	mad'peset	מַדְפֶּסֶת (נ)
fax (m)	faks	פַקְס (ז)
fotocopiadora (f)	mexonat tsilum	מְכוֹנַת צִילוּם (נ)
papel (m)	neyar	נְיָיר (ז)
artigos (m pl) do escritório	tsiyud misradi	צִיוּד מִשְׂרָדִי (ז)
tapete (m) de rato	ʃa'tiax le'axbar	שָׁטִיחַ לְעַכְבָּר (ז)
folha (f) de papel	daf	דַף (ז)
pasta (f)	klaser	קְלָסֵר (ז)
catálogo (m)	katalog	קָטָלוֹג (ז)
diretório (f) telefónico	madrix 'telefon	מַדְרִיךְ טֶלֶפוֹן (ז)
documentação (f)	ti'ud	תִיעוּד (ז)
brochura (f)	xo'veret	חוֹבֶרֶת (נ)
flyer (m)	alon	עָלוֹן (ז)
amostra (f)	dugma	דוּגְמָה (נ)
formação (f)	yeʃivat hadraxa	יְשִׁיבַת הַדְרָכָה (נ)
reunião (f)	yeʃiva	יְשִׁיבָה (נ)
hora (f) de almoço	hafsakat tsaha'rayim	הַפְסָקַת צָהֳרַיִים (נ)
fazer uma cópia	letsalem mismax	לְצַלֵם מִסְמָךְ
tirar cópias	lehaxin mispar otakim	לְהָכִין מִסְפַּר עוֹתָקִים
receber um fax	lekabel faks	לְקַבֵּל פַקְס
enviar um fax	liʃ'loax faks	לִשְׁלוֹחַ פַקְס

fazer uma chamada	lehitkaʃer	לְהִתְקַשֵּׁר
responder (vt)	laʿanot	לַעֲנוֹת
passar (vt)	lekaʃer	לְקַשֵּׁר
marcar (vt)	lik'boʿa pgiʃa	לִקְבּוֹעַ פְּגִישָׁה
demonstrar (vt)	lehadgim	לְהַדְגִּים
estar ausente	leheʿader	לְהֵיעָדֵר
ausência (f)	heʿadrut	הֵיעָדְרוּת (נ)

70. Processos negociais. Parte 1

negócio (m)	'esek	עֶסֶק (ז)
ocupação (f)	isuk	עִיסוּק (ז)
firma, empresa (f)	xevra	חֶבְרָה (נ)
companhia (f)	xevra	חֶבְרָה (נ)
corporação (f)	ta'agid	תַּאֲגִיד (ז)
empresa (f)	'esek	עֶסֶק (ז)
agência (f)	soxnut	סוֹכְנוּת (נ)
acordo (documento)	heskem	הֶסְכֵּם (ז)
contrato (m)	xoze	חוֹזֶה (ז)
acordo (transação)	iska	עִסְקָה (נ)
encomenda (f)	hazmana	הַזְמָנָה (נ)
cláusulas (f pl), termos (m pl)	tnai	תְּנַאי (ז)
por grosso (adv)	besitonut	בְּסִיטוֹנוּת
por grosso (adj)	sitona'i	סִיטוֹנָאִי
venda (f) por grosso	sitonut	סִיטוֹנוּת (נ)
a retalho	kimʿoni	קִמְעוֹנִי
venda (f) a retalho	kimʿonut	קִמְעוֹנוּת (נ)
concorrente (m)	mitxare	מִתְחָרֶה (ז)
concorrência (f)	taxarut	תַּחֲרוּת (נ)
competir (vi)	lehitxarot	לְהִתְחָרוֹת
sócio (m)	ʃutaf	שׁוּתָף (ז)
parceria (f)	ʃutafa	שׁוּתָפוּת (נ)
crise (f)	maʃber	מַשְׁבֵּר (ז)
bancarrota (f)	pʃitat 'regel	פְּשִׁיטַת רֶגֶל (נ)
entrar em falência	liffot 'regel	לִפְשׁוֹט רֶגֶל
dificuldade (f)	'koʃi	קוֹשִׁי (ז)
problema (m)	beʿaya	בְּעָיָה (נ)
catástrofe (f)	ason	אָסוֹן (ז)
economia (f)	kalkala	כַּלְכָּלָה (נ)
económico	kalkali	כַּלְכָּלִי
recessão (f) económica	mitun kalkali	מִיתוּן כַּלְכָּלִי (ז)
objetivo (m)	matara	מַטָּרָה (נ)
tarefa (f)	mesima	מְשִׂימָה (נ)
comerciar (vi, vt)	lisxor	לִסְחוֹר
rede (de distribuição)	'reʃet	רֶשֶׁת (נ)

estoque (m)	maxsan	מַחְסָן (ז)
sortimento (m)	mivxar	מִבְחָר (ז)
líder (m)	manhig	מַנְהִיג (ז)
grande (~ empresa)	gadol	גָדוֹל
monopólio (m)	'monopol	מוֹנוֹפּוֹל (ז)
teoria (f)	te''orya	תֵּיאוֹרְיָה (נ)
prática (f)	'praktika	פְּרַקְטִיקָה (נ)
experiência (falar por ~)	nisayon	נִיסָיוֹן (ז)
tendência (f)	megama	מְגַמָה (נ)
desenvolvimento (m)	pi'tuax	פִּיתוּחַ (ז)

71. Processos negociais. Parte 2

rentabilidade (f)	'revax	רֶוַוח (ז)
rentável	rivxi	רִווחִי
delegação (f)	mif'laxat	מִשְׁלַחַת (נ)
salário, ordenado (m)	mas'koret	מַשְׂכּוֹרֶת (נ)
corrigir (um erro)	letaken	לְתַקֵן
viagem (f) de negócios	nesi'a batafkid	נְסִיעָה בַּתַפְקִיד (נ)
comissão (f)	amla	עַמְלָה (נ)
controlar (vt)	liſlot	לִשְׁלוֹט
conferência (f)	kinus	כִּינוּס (ז)
licença (f)	riſayon	רִישָׁיוֹן (ז)
confiável	amin	אָמִין
empreendimento (m)	yozma	יוֹזְמָה (נ)
norma (f)	'norma	נוֹרמָה (נ)
circunstância (f)	nesibot	נְסִיבּוֹת (נ"ר)
dever (m)	xova	חוֹבָה (נ)
empresa (f)	irgun	אִרגוּן (ז)
organização (f)	hit'argenut	הִתאַרגְנוּת (נ)
organizado	me'urgan	מְאוֹרגָן
anulação (f)	bitul	בִּיטוּל (ז)
anular, cancelar (vt)	levatel	לְבַטֵל
relatório (m)	dox	דוֹח (ז)
patente (f)	patent	פָּטֶנט (ז)
patentear (vt)	lirſom patent	לִרשׁוֹם פָּטֶנט
planear (vt)	letaxnen	לְתַכנֵן
prémio (m)	'bonus	בּוֹנוּס (ז)
profissional	miktso'i	מִקצוֹעִי
procedimento (m)	'nohal	נוֹהַל (ז)
examinar (a questão)	livxon	לִבחוֹן
cálculo (m)	xiſuv	חִישׁוּב (ז)
reputação (f)	monitin	מוֹנִיטִין (ז"ר)
risco (m)	sikun	סִיכּוּן (ז)
dirigir (~ uma empresa)	lenahel	לְנַהֵל

informação (f)	meida	מֵידָע (ז)
propriedade (f)	ba'alut	בַּעֲלוּת (נ)
união (f)	igud	אִיגוּד (ז)
seguro (m) de vida	bi'tuaχ χayim	בִּיטוּחַ חַיִים (ז)
fazer um seguro	leva'teaχ	לְבַטֵחַ
seguro (m)	bi'tuaχ	בִּיטוּחַ (ז)
leilão (m)	meχira 'pombit	מְכִירָה פּוּמבִּית (נ)
notificar (vt)	leho'dia	לְהוֹדִיעַ
gestão (f)	nihul	נִיהוּל (ז)
serviço (indústria de ~s)	ʃirut	שִׁירוּת (ז)
fórum (m)	'forum	פוֹרוּם (ז)
funcionar (vi)	letafked	לְתַפקֵד
estágio (m)	ʃalav	שָׁלָב (ז)
jurídico	miʃpati	מִשׁפָּטִי
jurista (m)	oreχ din	עוֹרֵך דִין (ז)

72. Produção. Trabalhos

usina (f)	mif'al	מִפעָל (ז)
fábrica (f)	beit χa'roʃet	בֵּית חֲרוֹשֶׁת (ז)
oficina (f)	agaf	אֲגַף (ז)
local (m) de produção	mif'al	מִפעָל (ז)
indústria (f)	ta'asiya	תַעֲשִׂייָה (נ)
industrial	ta'asiyati	תַעֲשִׂייָתִי
indústria (f) pesada	ta'asiya kveda	תַעֲשִׂייָה כְּבֵדָה (נ)
indústria (f) ligeira	ta'asiya kala	תַעֲשִׂייָה קַלָה (נ)
produção (f)	to'tseret	תוֹצֶרֶת (נ)
produzir (vt)	leyatser	לְייַצֵר
matérias-primas (f pl)	'χomer 'gelem	חוֹמֶר גֶלֶם (ז)
chefe (m) de brigada	menahel avoda	מְנַהֵל עֲבוֹדָה (ז)
brigada (f)	'tsevet ovdim	צֶוֶות עוֹבדִים (ז)
operário (m)	po'el	פּוֹעֵל (ז)
dia (m) de trabalho	yom avoda	יוֹם עֲבוֹדָה (ז)
pausa (f)	hafsaka	הַפסָקָה (נ)
reunião (f)	yeʃiva	יְשִׁיבָה (נ)
discutir (vt)	ladun	לָדוּן
plano (m)	toχnit	תוֹכנִית (נ)
cumprir o plano	leva'tse'a et hatoχnit	לְבַצֵעַ אֶת הַתוֹכנִית
taxa (f) de produção	'ketsev tfuka	קֶצֶב תפוּקָה (ז)
qualidade (f)	eiχut	אֵיכוּת (נ)
controlo (m)	bakara	בַּקָרָה (נ)
controlo (m) da qualidade	bakarat eiχut	בַּקָרַת אֵיכוּת (נ)
segurança (f) no trabalho	betiχut beavoda	בְּטִיחוּת בַּעֲבוֹדָה (נ)
disciplina (f)	miʃma'at	מִשׁמַעַת (נ)
infração (f)	hafara	הַפָרָה (נ)

violar (as regras)	lehafer	לְהָפֵר
greve (f)	ʃvita	שְׁבִיתָה (נ)
grevista (m)	ʃovet	שׁוֹבֵת (ז)
estar em greve	liʃbot	לִשְׁבּוֹת
sindicato (m)	igud ovdim	אִיגוּד עוֹבְדִים (ז)
inventar (vt)	lehamtsi	לְהַמְצִיא
invenção (f)	hamtsa'a	הַמְצָאָה (נ)
pesquisa (f)	meχkar	מֶחְקָר (ז)
melhorar (vt)	leʃaper	לְשַׁפֵּר
tecnologia (f)	teχno'logya	טֶכְנוֹלוֹגְיָה (נ)
desenho (m) técnico	sirtut	שִׂרְטוּט (ז)
carga (f)	mit'an	מִטְעָן (ז)
carregador (m)	sabal	סַבָּל (ז)
carregar (vt)	leha'amis	לְהַעֲמִיס
carregamento (m)	ha'amasa	הַעֲמָסָה (נ)
descarregar (vt)	lifrok mit'an	לִפְרוֹק מִטְעָן
descarga (f)	prika	פְּרִיקָה (נ)
transporte (m)	hovala	הוֹבָלָה (נ)
companhia (f) de transporte	χevrat hovala	חֶבְרַת הוֹבָלָה (נ)
transportar (vt)	lehovil	לְהוֹבִיל
vagão (m) de carga	karon	קָרוֹן (ז)
cisterna (f)	meχalit	מֵיכָלִית (נ)
camião (m)	masa'it	מַשָּׂאִית (נ)
máquina-ferramenta (f)	meχonat ibud	מְכוֹנַת עִיבּוּד (נ)
mecanismo (m)	manganon	מַנְגָּנוֹן (ז)
resíduos (m pl) industriais	'psolet ta'asiyatit	פְּסוֹלֶת תַּעֲשִׂיָּתִית (נ)
embalagem (f)	ariza	אֲרִיזָה (נ)
embalar (vt)	le'eroz	לֶאֱרוֹז

73. Contrato. Acordo

contrato (m)	χoze	חוֹזֶה (ז)
acordo (m)	heskem	הֶסְכֵּם (ז)
adenda (f), anexo (m)	'sefaχ	סֶפַח (ז)
assinar o contrato	la'aroχ heskem	לַעֲרוֹךְ הֶסְכֵּם
assinatura (f)	χatima	חֲתִימָה (נ)
assinar (vt)	laχtom	לַחְתּוֹם
carimbo (m)	χo'temet	חוֹתֶמֶת (נ)
objeto (m) do contrato	nose haχoze	נוֹשֵׂא הַחוֹזֶה (ז)
cláusula (f)	se'if	סְעִיף (ז)
partes (f pl)	tsdadim	צְדָדִים (ז"ר)
morada (f) jurídica	'ktovet miʃpatit	כְּתוֹבֶת מִשְׁפָּטִית (נ)
violar o contrato	lehafer χoze	לְהָפֵר חוֹזֶה
obrigação (f)	hitχaivut	הִתְחַיְּיבוּת (נ)
responsabilidade (f)	aχrayut	אַחְרָיוּת (נ)

força (f) maior	'koax elyon	כּוֹחַ עֶלְיוֹן (ז)
litígio (m), disputa (f)	vi'kuax	וִיכּוּחַ (ז)
multas (f pl)	itsumim	עִיצוּמִים (ז״ר)

74. Importação & Exportação

importação (f)	ye'vu'a	יְבוּא (ז)
importador (m)	yevu'an	יְבוּאָן (ז)
importar (vt)	leyabe	לְיַבֵּא
de importação	meyuba	מְיוּבָּא

exportação (f)	yitsu	יִיצוּא (ז)
exportador (m)	yetsu'an	יְצוּאָן (ז)
exportar (vt)	leyatse	לְיַצֵּא
de exportação	ʃel yitsu	שֶׁל יִיצוּא

| mercadoria (f) | sxora | סְחוֹרָה (נ) |
| lote (de mercadorias) | miʃ'loax | מִשְׁלוֹחַ (ז) |

peso (m)	miʃkal	מִשְׁקָל (ז)
volume (m)	'nefax	נֶפַח (ז)
metro (m) cúbico	'meter me'ukav	מֶטֶר מְעוּקָב (ז)

produtor (m)	yatsran	יַצְרָן (ז)
companhia (f) de transporte	xevrat hovala	חֶבְרַת הוֹבָלָה (נ)
contentor (m)	mexula	מְכוּלָה (נ)

fronteira (f)	gvul	גְבוּל (ז)
alfândega (f)	'mexes	מֶכֶס (ז)
taxa (f) alfandegária	mas 'mexes	מַס מֶכֶס (ז)
funcionário (m) da alfândega	pakid 'mexes	פְּקִיד מֶכֶס (ז)
contrabando (atividade)	havraxa	הַבְרָחָה (נ)
contrabando (produtos)	sxora muv'rexet	סְחוֹרָה מוּבְרַחַת (נ)

75. Finanças

ação (f)	menaya	מְנָיָה (נ)
obrigação (f)	i'geret xov	אִיגֶּרֶת חוֹב (נ)
nota (f) promissória	ʃtar xalifin	שְׁטַר חֲלִיפִין (ז)

| bolsa (f) | 'bursa | בּוּרְסָה (נ) |
| cotação (m) das ações | mexir hamenaya | מְחִיר הַמְּנָיָה (ז) |

| tornar-se mais barato | la'redet bemexir | לָרֶדֶת בְּמְחִיר |
| tornar-se mais caro | lehityaker | לְהִתְיַיקֵר |

| parte (f) | menaya | מְנָיָה (נ) |
| participação (f) maioritária | ʃlita | שְׁלִיטָה (נ) |

investimento (m)	haʃka'ot	הַשְׁקָעוֹת (נ״ר)
investir (vt)	lehaʃki'a	לְהַשְׁקִיעַ
percentagem (f)	axuz	אָחוּז (ז)

Português	Transliteração	Hebraico
juros (m pl)	ribit	רִיבִּית (נ)
lucro (m)	'revaχ	רֶוַוח (ז)
lucrativo	rivχi	רִוְוחִי
imposto (m)	mas	מַס (ז)
divisa (f)	mat'be'a	מַטְבֵּעַ (ז)
nacional	le'umi	לְאוּמִי
câmbio (m)	hamara	הֲמָרָה (נ)
contabilista (m)	ro'e χeʃbon	רוֹאֵה חֶשְׁבּוֹן (ז)
contabilidade (f)	hanhalat χeʃbonot	הַנְהָלַת חֶשְׁבּוֹנוֹת (נ)
bancarrota (f)	pʃitat 'regel	פְּשִׁיטַת רֶגֶל (נ)
falência (f)	krisa	קְרִיסָה (נ)
ruína (f)	pʃitat 'regel	פְּשִׁיטַת רֶגֶל (נ)
arruinar-se (vr)	liʃfot 'regel	לִפְשׁוֹט רֶגֶל
inflação (f)	inf'latsya	אִינְפְלַצְיָה (נ)
desvalorização (f)	piχut	פִּיחוּת (ז)
capital (m)	hon	הוֹן (ז)
rendimento (m)	haχnasa	הַכְנָסָה (נ)
volume (m) de negócios	maχzor	מַחְזוֹר (ז)
recursos (m pl)	maʃ'abim	מַשְׁאַבִּים (ז"ר)
recursos (m pl) financeiros	emtsa'im kaspiyim	אֶמְצָעִים כַּסְפִּיִים (ז"ר)
despesas (f pl) gerais	hotsa'ot	הוֹצָאוֹת (נ"ר)
reduzir (vt)	letsamtsem	לְצַמְצֵם

76. Marketing

Português	Transliteração	Hebraico
marketing (m)	ʃivuk	שִׁיווּק (ז)
mercado (m)	ʃuk	שׁוּק (ז)
segmento (m) do mercado	'pelaχ ʃuk	פֶּלַח שׁוּק (ז)
produto (m)	mutsar	מוּצָר (ז)
mercadoria (f)	sχora	סְחוֹרָה (נ)
marca (f)	mutag	מוּתָג (ז)
marca (f) comercial	'semel misχari	סֶמֶל מִסְחָרִי (ז)
logotipo (m)	'semel haχevra	סֶמֶל הַחֶבְרָה (ז)
logo (m)	'logo	לוֹגוֹ (ז)
demanda (f)	bikuʃ	בִּיקוּשׁ (ז)
oferta (f)	he'tse'a	הֶיצֵעַ (ז)
necessidade (f)	'tsoreχ	צוֹרֶך (ז)
consumidor (m)	tsarχan	צַרְכָן (ז)
análise (f)	ni'tuaχ	נִיתוּחַ (ז)
analisar (vt)	lena'teaχ	לְנַתֵחַ
posicionamento (m)	mitsuv	מִיצוּב (ז)
posicionar (vt)	lematsev	לְמַצֵב
preço (m)	meχir	מְחִיר (ז)
política (f) de preços	mediniyut timχur	מְדִינִיוּת תַמְחוּר (נ)
formação (f) de preços	hamχara	הַמְחָרָה (נ)

77. Publicidade

publicidade (f)	pirsum	פִּרְסוּם (ז)
publicitar (vt)	lefarsem	לְפַרְסֵם
orçamento (m)	taktsiv	תַקְצִיב (ז)
anúncio (m) publicitário	pir'somet	פִּרְסוֹמֶת (נ)
publicidade (f) televisiva	pir'somet tele'vizya	פִּרְסוֹמֶת טֶלָוִויזְיָה (נ)
publicidade (f) na rádio	pir'somet 'radyo	פִּרְסוֹמֶת רַדְיוֹ (נ)
publicidade (f) exterior	pirsum xutsot	פִּרְסוֹם חוּצוֹת (ז)
comunicação (f) de massa	emtsa'ei tik'joret hamonim	אֶמְצָעֵי תִקְשוֹרֶת הֲמוֹנִים (ז״ר)
periódico (m)	ktav et	כְּתָב עֵת (ז)
imagem (f)	tadmit	תַדְמִית (נ)
slogan (m)	sisma	סִיסְמָה (נ)
mote (m), divisa (f)	'moto	מוֹטוֹ (ז)
campanha (f)	masa	מַסָע (ז)
companha (f) publicitária	masa pirsum	מַסָע פִּרְסוּם (ז)
grupo (m) alvo	oxlusiyat 'ya'ad	אוֹכְלוּסִיַית יַעַד (נ)
cartão (m) de visita	kartis bikur	כַּרְטִיס בִּיקוּר (ז)
flyer (m)	alon	עָלוֹן (ז)
brochura (f)	xo'veret	חוֹבֶרֶת (נ)
folheto (m)	alon	עָלוֹן (ז)
boletim (~ informativo)	alon meida	עָלוֹן מֵידָע (ז)
letreiro (m)	'jelet	שֶלֶט (ז)
cartaz, póster (m)	'poster	פּוֹסְטֶר (ז)
painel (m) publicitário	'luax pirsum	לוּחַ פִּרְסוּם (ז)

78. Banca

banco (m)	bank	בַּנְק (ז)
sucursal, balcão (f)	snif	סְנִיף (ז)
consultor (m)	yo'ets	יוֹעֵץ (ז)
gerente (m)	menahel	מְנַהֵל (ז)
conta (f)	xejbon	חֶשְבּוֹן (ז)
número (m) da conta	mispar xejbon	מִסְפַּר חֶשְבּוֹן (ז)
conta (f) corrente	xejbon over vajav	חֶשְבּוֹן עוֹבֵר וָשָב (ז)
conta (f) poupança	xejbon xisaxon	חֶשְבּוֹן חִסָכוֹן (ז)
abrir uma conta	lif'toax xejbon	לִפְתוֹחַ חֶשְבּוֹן
fechar uma conta	lisgor xejbon	לִסְגוֹר חֶשְבּוֹן
depositar na conta	lehafkid lexejbon	לְהַפְקִיד לְחֶשְבּוֹן
levantar (vt)	limjox mexejbon	לִמְשוֹך מֵחֶשְבּוֹן
depósito (m)	pikadon	פִּיקָדוֹן (ז)
fazer um depósito	lehafkid	לְהַפְקִיד
transferência (f) bancária	ha'avara banka'it	הַעֲבָרָה בַּנְקָאִית (נ)

transferir (vt)	leha'avir 'kesef	לְהַעֲבִיר כֶּסֶף
soma (f)	sxum	סְכוּם (ז)
Quanto?	'kama?	כַּמָה?
assinatura (f)	xatima	חֲתִימָה (נ)
assinar (vt)	laxtom	לַחְתּוֹם
cartão (m) de crédito	kartis aʃrai	כַּרְטִיס אַשְׁרַאי (ז)
código (m)	kod	קוֹד (ז)
número (m) do cartão de crédito	mispar kartis aʃrai	מִסְפַּר כַּרְטִיס אַשְׁרַאי (ז)
Caixa Multibanco (m)	kaspomat	כַּסְפּוֹמָט (ז)
cheque (m)	tʃek	צֶ׳ק (ז)
passar um cheque	lixtov tʃek	לִכְתּוֹב צֶ׳ק
livro (m) de cheques	pinkas 'tʃekim	פִּנְקַס צֶ׳קִים (ז)
empréstimo (m)	halva'a	הַלְוָאָה (נ)
pedir um empréstimo	levakeʃ halva'a	לְבַקֵּשׁ הַלְוָאָה
obter um empréstimo	lekabel halva'a	לְקַבֵּל הַלְוָאָה
conceder um empréstimo	lehalvot	לְהַלְווֹת
garantia (f)	arvut	עַרְבוּת (נ)

79. Telefone. Conversação telefónica

telefone (m)	'telefon	טֶלֶפוֹן (ז)
telemóvel (m)	'telefon nayad	טֶלֶפוֹן נַיָּיד (ז)
secretária (f) electrónica	meʃivon	מְשִׁיבוֹן (ז)
fazer uma chamada	letsaltsel	לְצַלְצֵל
chamada (f)	sixat 'telefon	שִׂיחַת טֶלֶפוֹן (נ)
marcar um número	lexayeg mispar	לְחַיֵּיג מִסְפָּר
Alô!	'halo!	הָלוֹ!
perguntar (vt)	liʃol	לִשְׁאוֹל
responder (vt)	la'anot	לַעֲנוֹת
ouvir (vt)	liʃmo'a	לִשְׁמוֹעַ
bem	tov	טוֹב
mal	lo tov	לֹא טוֹב
ruído (m)	hafra'ot	הַפְרָעוֹת (נ״ר)
auscultador (m)	ʃfo'feret	שְׁפוֹפֶרֶת (נ)
pegar o telefone	leharim ʃfo'feret	לְהָרִים שְׁפוֹפֶרֶת
desligar (vi)	leha'niax ʃfo'feret	לְהָנִיחַ שְׁפוֹפֶרֶת
ocupado	tafus	תָּפוּס
tocar (vi)	letsaltsel	לְצַלְצֵל
lista (f) telefónica	'sefer tele'fonim	סֵפֶר טֶלֶפוֹנִים (ז)
local	mekomi	מְקוֹמִי
chamada (f) local	sixa mekomit	שִׂיחָה מְקוֹמִית (נ)
de longa distância	bein ironi	בֵּין עִירוֹנִי
chamada (f) de longa distância	sixa bein ironit	שִׂיחָה בֵּין עִירוֹנִית (נ)

internacional	benle'umi	בֵּינלְאוּמִי
chamada (f) internacional	siχa benle'umit	שִׂיחָה בֵּינלְאוּמִית (נ)

80. Telefone móvel

telemóvel (m)	'telefon nayad	טֶלֶפוֹן נַיָּיד (ז)
ecrã (m)	masaχ	מָסָךְ (ז)
botão (m)	kaftor	כַּפתּוֹר (ז)
cartão SIM (m)	kartis sim	כַּרטִיס סִים (ז)
bateria (f)	solela	סוֹלְלָה (נ)
descarregar-se	lehitroken	לְהִתרוֹקֵן
carregador (m)	mit'an	מִטעָן (ז)
menu (m)	tafrit	תַפרִיט (ז)
definições (f pl)	hagdarot	הַגדָרוֹת (נ״ר)
melodia (f)	mangina	מַנגִינָה (נ)
escolher (vt)	livχor	לִבחוֹר
calculadora (f)	maχʃevon	מַחשְבוֹן (ז)
correio (m) de voz	ta koli	תָא קוֹלִי (ז)
despertador (m)	ʃa'on me'orer	שְעוֹן מְעוֹרֵר (ז)
contatos (m pl)	anʃei 'keʃer	אַנשֵי קֶשֶר (ז״ר)
mensagem (f) de texto	misron	מִסרוֹן (ז)
assinante (m)	manui	מָנוּי (ז)

81. Estacionário

caneta (f)	et kaduri	עֵט כַּדוּרִי (ז)
caneta (f) tinteiro	et no've'a	עֵט נוֹבֵעַ (ז)
lápis (m)	iparon	עִיפָּרוֹן (ז)
marcador (m)	'marker	מַרקֵר (ז)
caneta (f) de feltro	tuʃ	טוּש (ז)
bloco (m) de notas	pinkas	פִּנקָס (ז)
agenda (f)	yoman	יוֹמָן (ז)
régua (f)	sargel	סַרגֵל (ז)
calculadora (f)	maχʃevon	מַחשְבוֹן (ז)
borracha (f)	'maχak	מַחַק (ז)
pionés (m)	'na'ats	נַעַץ (ז)
clipe (m)	mehadek	מְהַדֵק (ז)
cola (f)	'devek	דֶבֶק (ז)
agrafador (m)	ʃadχan	שַדכָן (ז)
furador (m)	menakev	מְנַקֵב (ז)
afia-lápis (m)	maχded	מַחדֵד (ז)

82. Tipos de negócios

Português	Transliteração	Hebraico
serviços (m pl) de contabilidade	ʃerutei hanhalat χeʃbonot	שֵׁירוּתֵי הַנְהָלַת חֶשְׁבּוֹנוֹת (ז״ר)
publicidade (f)	pirsum	פִּרְסוּם (ז)
agência (f) de publicidade	soχnut pirsum	סוֹכְנוּת פִּרְסוּם (נ)
ar (m) condicionado	mazganim	מַזְגָנִים (ז״ר)
companhia (f) aérea	χevrat te'ufa	חֶבְרַת תְּעוּפָה (נ)
bebidas (f pl) alcoólicas	maʃka'ot χarifim	מַשְׁקָאוֹת חָרִיפִים (נ״ר)
comércio (m) de antiguidades	atikot	עַתִּיקוֹת (נ״ר)
galeria (f) de arte	ga'lerya le'amanut	גָלֶרְיָה לְאָמָנוּת (נ)
serviços (m pl) de auditoria	ʃerutei bi'koret χeʃbonot	שֵׁירוּתֵי בִּיקוֹרֶת חָשְׁבּוֹנוֹת (ז״ר)
negócios (m pl) bancários	banka'ut	בַּנְקָאוּת (נ)
bar (m)	bar	בַּר (ז)
salão (m) de beleza	meχon 'yofi	מְכוֹן יוֹפִי (ז)
livraria (f)	χanut sfarim	חֲנוּת סְפָרִים (נ)
cervejaria (f)	miv'ʃelet 'bira	מִבְשֶׁלֶת בִּירָה (נ)
centro (m) de escritórios	merkaz asakim	מֶרְכַּז עֲסָקִים (ז)
escola (f) de negócios	beit 'sefer le'asakim	בֵּית סֵפֶר לַעֲסָקִים (ז)
casino (m)	ka'zino	קָזִינוֹ (ז)
construção (f)	bniya	בְּנִיָה (נ)
serviços (m pl) de consultoria	yi'uts	יִיעוּץ (ז)
estomatologia (f)	mirpa'at ʃi'nayim	מִרְפְּאַת שִׁינַיִים (נ)
design (m)	itsuv	עִיצוּב (ז)
farmácia (f)	beit mir'kaχat	בֵּית מִרְקַחַת (ז)
lavandaria (f)	nikui yaveʃ	נִיקוּי יָבֵשׁ (ז)
agência (f) de emprego	soχnut 'koaχ adam	סוֹכְנוּת כּוֹחַ אָדָם (נ)
serviços (m pl) financeiros	ʃerutim fi'nansim	שֵׁירוּתִים פִינַנְסִיִים (ז״ר)
alimentos (m pl)	mutsrei mazon	מוּצְרֵי מָזוֹן (ז״ר)
agência (f) funerária	beit levayot	בֵּית לְוָויוֹת (ז)
mobiliário (m)	rehitim	רָהִיטִים (ז״ר)
roupa (f)	bgadim	בְּגָדִים (ז״ר)
hotel (m)	beit malon	בֵּית מָלוֹן (ז)
gelado (m)	'glida	גְלִידָה (נ)
indústria (f)	ta'asiya	תַּעֲשִׂיָה (נ)
seguro (m)	bi'tuaχ	בִּיטוּחַ (ז)
internet (f)	'internet	אִינְטֶרְנֶט (ז)
investimento (m)	haʃka'ot	הַשְׁקָעוֹת (נ״ר)
joalheiro (m)	tsoref	צוֹרֵף (ז)
joias (f pl)	taχʃitim	תַכְשִׁיטִים (ז״ר)
lavandaria (f)	miχbasa	מִכְבָּסָה (נ)
serviços (m pl) jurídicos	yo'ets miʃpati	יוֹעֵץ מִשְׁפָּטִי (ז)
indústria (f) ligeira	ta'asiya kala	תַעֲשִׂיָה קַלָה (נ)
revista (f)	ʒurnal	ז'וּרְנָל (ז)
vendas (f pl) por catálogo	meχira be'do'ar	מְכִירָה בְּדוֹאָר (נ)
medicina (f)	refu'a	רְפוּאָה (נ)
cinema (m)	kol'no'a	קוֹלְנוֹעַ (ז)

museu (m)	muze'on	מוּזֵיאוֹן (ז)
agência (f) de notícias	soxnut yedi'ot	סוֹכְנוּת יְדִיעוֹת (נ)
jornal (m)	iton	עִיתוֹן (ז)
clube (m) noturno	mo'adon 'laila	מוֹעֲדוֹן לַיְלָה (ז)
petróleo (m)	neft	נֵפְט (ז)
serviço (m) de encomendas	ʃirut ʃlixim	שֵׁירוּת שְׁלִיחִים (ז)
indústria (f) farmacêutica	rokxut	רוֹקְחוּת (נ)
poligrafia (f)	beit dfus	בֵּית דְפוּס (ז)
editora (f)	hotsa'a la'or	הוֹצָאָה לָאוֹר (נ)
rádio (m)	'radyo	רַדְיוֹ (ז)
imobiliário (m)	nadlan	נַדְלַ"ן (ז)
restaurante (m)	mis'ada	מִסְעָדָה (נ)
empresa (f) de segurança	xevrat ʃmira	חֶבְרַת שְׁמִירָה (נ)
desporto (m)	sport	סְפּוֹרְט (ז)
bolsa (f)	'bursa	בּוּרְסָה (נ)
loja (f)	xanut	חֲנוּת (נ)
supermercado (m)	super'market	סוּפֶּרְמַרְקֶט (ז)
piscina (f)	brexat sxiya	בְּרֵיכַת שְׂחִיָּה (נ)
alfaiataria (f)	mitpara	מִתְפָּרָה (נ)
televisão (f)	tele'vizya	טֶלֶוִויזְיָה (נ)
teatro (m)	te'atron	תֵיאַטְרוֹן (ז)
comércio (atividade)	misxar	מִסְחָר (ז)
serviços (m pl) de transporte	hovalot	הוֹבָלוֹת (נ"ר)
viagens (f pl)	tayarut	תַּיָירוּת (נ)
veterinário (m)	veterinar	וֶטֶרִינָר (ז)
armazém (m)	maxsan	מַחְסָן (ז)
recolha (f) do lixo	isuf 'zevel	אִיסוּף זֶבֶל (ז)

Emprego. Negócios. Parte 2

83. Espetáculo. Feira

feira (f)	ta'aruxa	תַּעֲרוּכָה (נ)
feira (f) comercial	ta'aruxa misxarit	תַּעֲרוּכָה מִסְחָרִית (נ)
participação (f)	hiʃtatfut	הִשְׁתַּתְּפוּת (נ)
participar (vi)	lehiʃtatef	לְהִשְׁתַּתֵּף
participante (m)	miʃtatef	מִשְׁתַּתֵּף (ז)
diretor (m)	menahel	מְנַהֵל (ז)
direção (f)	misrad hame'argenim	מִשְׂרַד הַמְאַרְגְּנִים (ז)
organizador (m)	me'argen	מְאַרְגֵּן (ז)
organizar (vt)	le'argen	לְאַרְגֵּן
ficha (f) de inscrição	'tofes hiʃtatfut	טוֹפֶס הִשְׁתַּתְּפוּת (ז)
preencher (vt)	lemale	לְמַלֵּא
detalhes (m pl)	pratim	פְּרָטִים (ז״ר)
informação (f)	meida	מֵידָע (ז)
preço (m)	mexir	מְחִיר (ז)
incluindo	kolel	כּוֹלֵל
incluir (vt)	lixlol	לִכְלוֹל
pagar (vt)	leʃalem	לְשַׁלֵּם
taxa (f) de inscrição	dmei riʃum	דְּמֵי רִישׁוּם (ז״ר)
entrada (f)	knisa	כְּנִיסָה (נ)
pavilhão (m)	bitan	בִּיתָן (ז)
inscrever (vt)	lirʃom	לִרְשׁוֹם
crachá (m)	tag	תָּג (ז)
stand (m)	duxan	דּוּכָן (ז)
reservar (vt)	liʃmor	לִשְׁמוֹר
vitrina (f)	madaf tetsuga	מַדָּף תְּצוּגָה (ז)
foco, spot (m)	menorat spot	מְנוֹרַת סְפּוֹט (נ)
design (m)	itsuv	עִיצוּב (ז)
pôr, colocar (vt)	la'arox	לַעֲרוֹךְ
ser colocado, -a	lehimatse	לְהִימָּצֵא
distribuidor (m)	mefits	מֵפִיץ (ז)
fornecedor (m)	sapak	סַפָּק (ז)
fornecer (vt)	lesapek	לְסַפֵּק
país (m)	medina	מְדִינָה (נ)
estrangeiro	mexul	מחו״ל
produto (m)	mutsar	מוּצָר (ז)
associação (f)	amuta	עֲמוּתָה (נ)
sala (f) de conferências	ulam knasim	אוּלַם כְּנָסִים (ז)

congresso (m)	kongres	קוֹנגרֶס (ז)
concurso (m)	taxarut	תַחֲרוּת (נ)
visitante (m)	mevaker	מְבַקֵר (ז)
visitar (vt)	levaker	לְבַקֵר
cliente (m)	la'koax	לָקוֹחַ (ז)

84. Ciência. Investigação. Cientistas

ciência (f)	mada	מַדָע (ז)
científico	mada'i	מַדָעִי
cientista (m)	mad'an	מַדְעָן (ז)
teoria (f)	te''orya	תֵיאוֹרְיָה (נ)
axioma (m)	aks'yoma	אַקסיוֹמָה (נ)
análise (f)	ni'tuax	נִיתוּחַ (ז)
analisar (vt)	lena'teax	לְנַתֵחַ
argumento (m)	nimuk	נִימוּק (ז)
substância (f)	'xomer	חוֹמֶר (ז)
hipótese (f)	hipo'teza	הִיפּוֹתֶזָה (נ)
dilema (m)	di'lema	דִילֶמָה (נ)
tese (f)	diser'tatsya	דִיסֶרטַציָה (נ)
dogma (m)	'dogma	דוֹגמָה (נ)
doutrina (f)	dok'trina	דוֹקטרִינָה (נ)
pesquisa (f)	mexkar	מֶחקָר (ז)
pesquisar (vt)	laxkor	לַחקוֹר
teste (m)	nuisuyim	נִיסוּיִים (ז"ר)
laboratório (m)	ma'abada	מַעֲבָּדָה (נ)
método (m)	ʃita	שִיטָה (נ)
molécula (f)	mo'lekula	מוֹלְקוּלָה (נ)
monitoramento (m)	nitur	נִיטוּר (ז)
descoberta (f)	gilui	גִילוּי (ז)
postulado (m)	aks'yoma	אַקסיוֹמָה (נ)
princípio (m)	ikaron	עִיקָרוֹן (ז)
prognóstico (previsão)	taxazit	תַחֲזִית (נ)
prognosticar (vt)	laxazot	לַחֲזוֹת
síntese (f)	sin'teza	סִינתֶזָה (נ)
tendência (f)	megama	מְגַמָה (נ)
teorema (m)	miʃpat	מִשפָּט (ז)
ensinamentos (m pl)	tora	תוֹרָה (נ)
facto (m)	uvda	עוּבדָה (נ)
expedição (f)	miʃ'laxat	מִשלַחַת (נ)
experiência (f)	nisui	נִיסוּי (ז)
académico (m)	akademai	אָקָדֵמַאי (ז)
bacharel (m)	'to'ar riʃon	תוֹאַר רִאשוֹן (ז)
doutor (m)	'doktor	דוֹקטוֹר (ז)
docente (m)	martse baxir	מַרצֶה בָּכִיר (ז)

mestre (m)	musmax	מוסמך (ז)
professor (m) catedrático	pro'fesor	פְּרוֹפֶסוֹר (ז)

Profissões e ocupações

85. Procura de emprego. Demissão

trabalho (m)	avoda	עֲבוֹדָה (נ)
equipa (f)	'segel	סֶגֶל (ז)
pessoal (m)	'segel	סֶגֶל (ז)
carreira (f)	kar'yera	קָרְיֶרָה (נ)
perspetivas (f pl)	efʃaruyot	אֶפְשָׁרֻיּוֹת (נ״ר)
mestria (f)	meyumanut	מְיוּמָנוּת (נ)
seleção (f)	sinun	סִינּוּן (ז)
agência (f) de emprego	soxnut 'koax adam	סוֹכְנוּת כּוֹחַ אָדָם (נ)
CV, currículo (m)	korot xayim	קוֹרוֹת חַיִּים (נ״ר)
entrevista (f) de emprego	ra'ayon avoda	רַאֲיוֹן עֲבוֹדָה (ז)
vaga (f)	misra pnuya	מִשְׂרָה פְּנוּיָה (נ)
salário (m)	mas'koret	מַשְׂכּוֹרֶת (נ)
salário (m) fixo	mas'koret kvu'a	מַשְׂכּוֹרֶת קְבוּעָה (נ)
pagamento (m)	taʃlum	תַּשְׁלוּם (ז)
posto (m)	tafkid	תַּפְקִיד (ז)
dever (do empregado)	xova	חוֹבָה (נ)
gama (f) de deveres	txum axrayut	תְּחוּם אַחְרָיוּת (ז)
ocupado	asuk	עָסוּק
despedir, demitir (vt)	lefater	לְפַטֵּר
demissão (f)	pitur	פִּיטוּר (ז)
desemprego (m)	avtala	אַבְטָלָה (נ)
desempregado (m)	muvtal	מוּבְטָל (ז)
reforma (f)	'pensya	פֶּנְסְיָה (נ)
reformar-se	latset legimla'ot	לָצֵאת לְגִימְלָאוֹת

86. Gente de negócios

diretor (m)	menahel	מְנַהֵל (ז)
gerente (m)	menahel	מְנַהֵל (ז)
patrão, chefe (m)	bos	בּוֹס (ז)
superior (m)	memune	מְמוּנֶה (ז)
superiores (m pl)	memunim	מְמוּנִים (ז״ר)
presidente (m)	nasi	נָשִׂיא (ז)
presidente (m) de direção	yoʃev roʃ	יוֹשֵׁב רֹאשׁ (ז)
substituto (m)	sgan	סְגָן (ז)
assistente (m)	ozer	עוֹזֵר (ז)

secretário (m)	mazkir	מַזְכִּיר (ז)
secretário (m) pessoal	mazkir iʃi	מַזְכִּיר אִישִׁי (ז)
homem (m) de negócios	iʃ asakim	אִישׁ עֲסָקִים (ז)
empresário (m)	yazam	יָזָם (ז)
fundador (m)	meyased	מְיַסֵד (ז)
fundar (vt)	leyased	לְיַסֵד
fundador, sócio (m)	meχonen	מְכוֹנֵן (ז)
parceiro, sócio (m)	ʃutaf	שׁוּתָף (ז)
acionista (m)	'ba'al menayot	בַּעַל מְנָיוֹת (ז)
milionário (m)	milyoner	מִילְיוֹנֵר (ז)
bilionário (m)	milyarder	מִילְיַארְדֶּר (ז)
proprietário (m)	be'alim	בְּעָלִים (ז)
proprietário (m) de terras	'ba'al adamot	בַּעַל אֲדָמוֹת (ז)
cliente (m)	la'koaχ	לָקוֹחַ (ז)
cliente (m) habitual	la'koaχ ka'vu'a	לָקוֹחַ קָבוּעַ (ז)
comprador (m)	kone	קוֹנֶה (ז)
visitante (m)	mevaker	מְבַקֵר (ז)
profissional (m)	miktso'an	מִקְצוֹעָן (ז)
perito (m)	mumχe	מוּמְחֶה (ז)
especialista (m)	mumχe	מוּמְחֶה (ז)
banqueiro (m)	bankai	בַּנְקַאי (ז)
corretor (m)	soχen	סוֹכֵן (ז)
caixa (m, f)	kupai	קוּפַּאי (ז)
contabilista (m)	menahel χeʃbonot	מְנַהֵל חֶשְׁבּוֹנוֹת (ז)
guarda (m)	ʃomer	שׁוֹמֵר (ז)
investidor (m)	maʃki'a	מַשְׁקִיעַ (ז)
devedor (m)	'ba'al χov	בַּעַל חוֹב (ז)
credor (m)	malve	מַלְוֶה (ז)
mutuário (m)	lovo	לוֹוֶה (ז)
importador (m)	yevu'an	יְבוּאָן (ז)
exportador (m)	yetsu'an	יְצוּאָן (ז)
produtor (m)	yatsran	יַצְרָן (ז)
distribuidor (m)	mefits	מֵפִיץ (ז)
intermediário (m)	metaveχ	מְתַוֵךְ (ז)
consultor (m)	yo'ets	יוֹעֵץ (ז)
representante (m)	natsig meχirot	נְצִיג מְכִירוֹת (ז)
agente (m)	soχen	סוֹכֵן (ז)
agente (m) de seguros	soχen bi'tuaχ	סוֹכֵן בִּיטוּחַ (ז)

87. Profissões de serviços

cozinheiro (m)	tabaχ	טַבָּח (ז)
cozinheiro chefe (m)	ʃef	שֶׁף (ז)

padeiro (m)	ofe	אוֹפֶה (ז)
barman (m)	'barmen	בַּרְמֶן (ז)
empregado (m) de mesa	meltsar	מֶלְצָר (ז)
empregada (f) de mesa	meltsarit	מֶלְצָרִית (נ)
advogado (m)	orex din	עוֹרֵךְ דִין (ז)
jurista (m)	orex din	עוֹרֵךְ דִין (ז)
notário (m)	notaryon	נוֹטַרְיוֹן (ז)
eletricista (m)	xaʃmalai	חַשְׁמַלַאי (ז)
canalizador (m)	ʃravrav	שְׁרַבְרָב (ז)
carpinteiro (m)	nagar	נַגָר (ז)
massagista (m)	ma'ase	מְעַסֶה (ז)
massagista (f)	masa'ʒistit	מַסָ׳יסְטִית (נ)
médico (m)	rofe	רוֹפֵא (ז)
taxista (m)	nahag monit	נֶהָג מוֹנִית (ז)
condutor (automobilista)	nahag	נֶהָג (ז)
entregador (m)	ʃa'liax	שָׁלִיחַ (ז)
camareira (f)	xadranit	חַדְרָנִית (נ)
guarda (m)	ʃomer	שׁוֹמֵר (ז)
hospedeira (f) de bordo	da'yelet	דַיֶילֶת (נ)
professor (m)	more	מוֹרֶה (ז)
bibliotecário (m)	safran	סַפְרָן (ז)
tradutor (m)	metargem	מְתַרְגֵם (ז)
intérprete (m)	meturgeman	מְתוּרְגְמָן (ז)
guia (pessoa)	madrix tiyulim	מַדְרִיךְ טִיוּלִים (ז)
cabeleireiro (m)	sapar	סַפָּר (ז)
carteiro (m)	davar	דַוָור (ז)
vendedor (m)	moxer	מוֹכֵר (ז)
jardineiro (m)	ganan	גַנָן (ז)
criado (m)	meʃaret	מְשָׁרֵת (ז)
criada (f)	meʃa'retet	מְשָׁרֶתֶת (נ)
empregada (f) de limpeza	menaka	מְנַקָה (נ)

88. Profissões militares e postos

soldado (m) raso	turai	טוּרַאי (ז)
sargento (m)	samal	סַמָל (ז)
tenente (m)	'segen	סֶגֶן (ז)
capitão (m)	'seren	סֶרֶן (ז)
major (m)	rav 'seren	רַב־סֶרֶן (ז)
coronel (m)	aluf miʃne	אַלוּף מִשְׁנֶה (ז)
general (m)	aluf	אַלוּף (ז)
marechal (m)	'marʃal	מַרְשָׁל (ז)
almirante (m)	admiral	אַדְמִירָל (ז)
militar (m)	iʃ tsava	אִישׁ צָבָא (ז)
soldado (m)	xayal	חַיָיל (ז)

oficial (m)	katsin	קָצִין (ז)
comandante (m)	mefaked	מְפַקֵד (ז)
guarda (m) fronteiriço	ʃomer gvul	שׁוֹמֵר גְבוּל (ז)
operador (m) de rádio	alχutai	אַלְחוּטַאי (ז)
explorador (m)	iʃ modi'in kravi	אִישׁ מוֹדִיעִין קְרָבִי (ז)
sapador (m)	χablan	חַבְּלָן (ז)
atirador (m)	tsalaf	צַלָף (ז)
navegador (m)	navat	נַוָט (ז)

89. Oficiais. Padres

rei (m)	'meleχ	מֶלֶךְ (ז)
rainha (f)	malka	מַלְכָּה (נ)
príncipe (m)	nasiχ	נָסִיךְ (ז)
princesa (f)	nesiχa	נְסִיכָה (נ)
czar (m)	tsar	צָאר (ז)
czarina (f)	tsa'rina	צָאִרִינָה (נ)
presidente (m)	nasi	נָשִׂיא (ז)
ministro (m)	sar	שַׂר (ז)
primeiro-ministro (m)	roʃ memʃala	רֹאשׁ מֶמְשָׁלָה (ז)
senador (m)	se'nator	סֶנָאטוֹר (ז)
diplomata (m)	diplomat	דִיפְּלוֹמָט (ז)
cônsul (m)	'konsul	קוֹנְסוּל (ז)
embaixador (m)	ʃagrir	שַׁגְרִיר (ז)
conselheiro (m)	yo'ets	יוֹעֵץ (ז)
funcionário (m)	pakid	פָּקִיד (ז)
prefeito (m)	prefekt	פְּרֶפֶּקְט (ז)
Presidente (m) da Câmara	roʃ ha'ir	רֹאשׁ הָעִיר (ז)
juiz (m)	ʃofet	שׁוֹפֵט (ז)
procurador (m)	to've'a	תוֹבֵעַ (ז)
missionário (m)	misyoner	מִיסִיוֹנֶר (ז)
monge (m)	nazir	נָזִיר (ז)
abade (m)	roʃ minzar ka'toli	רֹאשׁ מִנְזָר קָתוֹלִי (ז)
rabino (m)	rav	רַב (ז)
vizir (m)	vazir	וָזִיר (ז)
xá (m)	ʃaχ	שָׁאח (ז)
xeque (m)	ʃeiχ	שֵׁיח (ז)

90. Profissões agrícolas

apicultor (m)	kavran	כַּוְרָן (ז)
pastor (m)	ro'e tson	רוֹעֶה צֹאן (ז)
agrónomo (m)	agronom	אַגְרוֹנוֹם (ז)

criador (m) de gado	megadel bakar	מְגַדֵל בָּקָר (ז)
veterinário (m)	veterinar	וֶטֶרִינָר (ז)
agricultor (m)	xavai	חַוַּאי (ז)
vinicultor (m)	yeinan	יֵינָן (ז)
zoólogo (m)	zo'olog	זוֹאוֹלוֹג (ז)
cowboy (m)	'ka'uboi	קָאוּבּוֹי (ז)

91. Profissões artísticas

ator (m)	saxkan	שַׂחְקָן (ז)
atriz (f)	saxkanit	שַׂחְקָנִית (נ)
cantor (m)	zamar	זַמָּר (ז)
cantora (f)	za'meret	זַמֶּרֶת (נ)
bailarino (m)	rakdan	רַקְדָן (ז)
bailarina (f)	rakdanit	רַקְדָנִית (נ)
artista (m)	saxkan	שַׂחְקָן (ז)
artista (f)	saxkanit	שַׂחְקָנִית (נ)
músico (m)	muzikai	מוּזִיקַאי (ז)
pianista (m)	psantran	פְּסַנְתְּרָן (ז)
guitarrista (m)	nagan gi'tara	נַגָּן גִּיטָרָה (ז)
maestro (m)	mena'tseax	מְנַצֵּחַ (ז)
compositor (m)	malxin	מַלְחִין (ז)
empresário (m)	amargan	אָמַרְגָּן (ז)
realizador (m)	bamai	בַּמַּאי (ז)
produtor (m)	mefik	מֵפִיק (ז)
argumentista (m)	tasritai	תַסְרִיטַאי (ז)
crítico (m)	mevaker	מְבַקֵּר (ז)
escritor (m)	sofer	סוֹפֵר (ז)
poeta (m)	meʃorer	מְשׁוֹרֵר (ז)
escultor (m)	pasal	פַּסָּל (ז)
pintor (m)	tsayar	צַיָּיר (ז)
malabarista (m)	lahatutan	לַהֲטוּטָן (ז)
palhaço (m)	leitsan	לֵיצָן (ז)
acrobata (m)	akrobat	אַקְרוֹבָּט (ז)
mágico (m)	kosem	קוֹסֵם (ז)

92. Várias profissões

médico (m)	rofe	רוֹפֵא (ז)
enfermeira (f)	axot	אָחוֹת (נ)
psiquiatra (m)	psixi''ater	פְּסִיכִיאָטֵר (ז)
estomatologista (m)	rofe ʃi'nayim	רוֹפֵא שִׁינַּיִים (ז)
cirurgião (m)	kirurg	כִּירוּרג (ז)

astronauta (m)	astro'na'ut	אַסְטְרוֹנָאוּט (ז)
astrónomo (m)	astronom	אַסְטְרוֹנוֹם (ז)
piloto (m)	tayas	טַיָּס (ז)
motorista (m)	nahag	נָהָג (ז)
maquinista (m)	nahag ra'kevet	נָהַג רַכֶּבֶת (ז)
mecânico (m)	mexonai	מְכוֹנַאי (ז)
mineiro (m)	kore	כּוֹרֶה (ז)
operário (m)	po'el	פּוֹעֵל (ז)
serralheiro (m)	misgad	מַסְגֵּד (ז)
marceneiro (m)	nagar	נַגָּר (ז)
torneiro (m)	xarat	חָרָט (ז)
construtor (m)	banai	בַּנַּאי (ז)
soldador (m)	ratax	רַתָּךְ (ז)
professor (m) catedrático	pro'fesor	פְּרוֹפֶסוֹר (ז)
arquiteto (m)	adrixal	אַדְרִיכָל (ז)
historiador (m)	historyon	הִיסְטוֹרְיוֹן (ז)
cientista (m)	mad'an	מַדְעָן (ז)
físico (m)	fizikai	פִיזִיקַאי (ז)
químico (m)	ximai	כִימַאי (ז)
arqueólogo (m)	arxe'olog	אַרְכֵיאוֹלוֹג (ז)
geólogo (m)	ge'olog	גֵיאוֹלוֹג (ז)
pesquisador (cientista)	xoker	חוֹקֵר (ז)
babysitter (f)	ʃmartaf	שְׁמַרְטַף (ז)
professor (m)	more, mexanex	מוֹרֶה, מְחַנֵּךְ (ז)
redator (m)	orex	עוֹרֵךְ (ז)
redator-chefe (m)	orex raʃi	עוֹרֵךְ רָאשִׁי (ז)
correspondente (m)	katav	כַּתָּב (ז)
datilógrafa (f)	kaldanit	קַלְדָּנִית (נ)
designer (m)	me'atsev	מְעַצֵּב (ז)
especialista (m) em informática	mumxe maxʃevim	מוּמְחֶה מַחְשְׁבִים (ז)
programador (m)	metaxnet	מְתַכְנֵת (ז)
engenheiro (m)	mehandes	מְהַנְדֵּס (ז)
marujo (m)	yamai	יַמַּאי (ז)
marinheiro (m)	malax	מַלָּח (ז)
salvador (m)	matsil	מַצִּיל (ז)
bombeiro (m)	kabai	כַּבַּאי (ז)
polícia (m)	ʃoter	שׁוֹטֵר (ז)
guarda-noturno (m)	ʃomer	שׁוֹמֵר (ז)
detetive (m)	balaʃ	בַּלָּשׁ (ז)
funcionário (m) da alfândega	pakid 'mexes	פָּקִיד מֶכֶס (ז)
guarda-costas (m)	ʃomer roʃ	שׁוֹמֵר רֹאשׁ (ז)
guarda (m) prisional	soher	סוֹהֵר (ז)
inspetor (m)	mefa'keax	מְפַקֵּחַ (ז)
desportista (m)	sportai	סְפּוֹרְטָאי (ז)
treinador (m)	me'amen	מְאַמֵּן (ז)

talhante (m)	katsav	קַצָּב (ז)
sapateiro (m)	sandlar	סַנדלָר (ז)
comerciante (m)	soxer	סוֹחֵר (ז)
carregador (m)	sabal	סַבָּל (ז)
estilista (m)	meʻatsev ofna	מְעַצֵּב אוֹפנָה (ז)
modelo (f)	dugmanit	דוּגמָנִית (נ)

93. Ocupações. Estatuto social

aluno, escolar (m)	talmid	תַלמִיד (ז)
estudante (~ universitária)	student	סטוּדֶנט (ז)
filósofo (m)	filosof	פִילוֹסוֹף (ז)
economista (m)	kalkelan	כַּלכְּלָן (ז)
inventor (m)	mamtsi	מַמצִיא (ז)
desempregado (m)	muvtal	מוּבטָל (ז)
reformado (m)	pensyoner	פֶּנסיוֹנֵר (ז)
espião (m)	meragel	מְרַגֵּל (ז)
preso (m)	asir	אָסִיר (ז)
grevista (m)	ʃovet	שׁוֹבֵת (ז)
burocrata (m)	birokrat	בִּירוֹקרָט (ז)
viajante (m)	metayel	מְטַיֵּיל (ז)
homossexual (m)	'lesbit, 'homo	לֶסבִּית (נ), הוֹמוֹ (ז)
hacker (m)	'haker	הָאקֵר (ז)
hippie	'hipi	הִיפִּי (ז)
bandido (m)	ʃoded	שׁוֹדֵד (ז)
assassino (m) a soldo	ro'tseax saxir	רוֹצֵחַ שָׂכִיר (ז)
toxicodependente (m)	narkoman	נַרקוֹמָן (ז)
traficante (m)	soxer samim	סוֹחֵר סָמִים (ז)
prostituta (f)	zona	זוֹנָה (נ)
chulo (m)	sarsur	סַרסוּר (ז)
bruxo (m)	mexaʃef	מְכַשֵּׁף (ז)
bruxa (f)	maxʃefa	מַכשֵׁפָה (נ)
pirata (m)	ʃoded yam	שׁוֹדֵד יָם (ז)
escravo (m)	ʃifxa, 'eved	שִׁפחָה (נ), עֶבֶד (ז)
samurai (m)	samurai	סָמוּרָאי (ז)
selvagem (m)	'pere adam	פֶּרֶא אָדָם (ז)

Educação

94. Escola

escola (f)	beit 'sefer	בֵּית סֵפֶר (ז)
diretor (m) de escola	menahel beit 'sefer	מְנַהֵל בֵּית סֵפֶר (ז)
aluno (m)	talmid	תַּלְמִיד (ז)
aluna (f)	talmida	תַּלְמִידָה (נ)
escolar (m)	talmid	תַּלְמִיד (ז)
escolar (f)	talmida	תַּלְמִידָה (נ)
ensinar (vt)	lelamed	לְלַמֵד
aprender (vt)	lilmod	לִלְמוֹד
aprender de cor	lilmod beʻal pe	לִלְמוֹד בְּעַל פֶּה
estudar (vi)	lilmod	לִלְמוֹד
andar na escola	lilmod	לִלְמוֹד
ir à escola	la'leχet le'beit 'sefer	לָלֶכֶת לְבֵּית סֵפֶר
alfabeto (m)	alefbeit	אָלֶפְבֵּית (ז)
disciplina (f)	mik'tsoʻa	מִקצוֹעַ (ז)
sala (f) de aula	kita	כִּיתָה (נ)
lição (f)	ʃiʻur	שִׁיעוּר (ז)
recreio (m)	hafsaka	הַפסָקָה (נ)
toque (m)	paʻamon	פַּעֲמוֹן (ז)
carteira (f)	ʃulχan limudim	שׁוּלחָן לִימוּדִים (ז)
quadro (m) negro	'luaχ	לוּחַ (ז)
nota (f)	tsiyun	צִיוּן (ז)
boa nota (f)	tsiyun tov	צִיוּן טוֹב (ז)
nota (f) baixa	tsiyun gaʻruʻa	צִיוּן גָרוּעַ (ז)
dar uma nota	latet tsiyun	לָתֵת צִיוּן
erro (m)	taʻut	טָעוּת (נ)
fazer erros	laʻasot taʻuyot	לַעֲשׂוֹת טָעוּיוֹת
corrigir (vt)	letaken	לְתַקֵן
cábula (f)	ʃif	שָׁלִיף (ז)
dever (m) de casa	ʃiʻurei 'bayit	שִׁיעוּרֵי בַּיִת (ז״ר)
exercício (m)	targil	תַרגִיל (ז)
estar presente	lihyot no'χeaχ	לִהיוֹת נוֹכֵחַ
estar ausente	leheʻader	לְהֵיעָדֵר
faltar às aulas	lehaχsir	לְהַחסִיר
punir (vt)	lehaʻaniʃ	לְהַעֲנִישׁ
punição (f)	'oneʃ	עוֹנֶשׁ (ז)
comportamento (m)	hitnahagut	הִתנַהֲגוּת (נ)

Português	Transliteração	Hebraico
boletim (m) escolar	yoman beit 'sefer	יוֹמָן בֵּית סֵפֶר (ז)
lápis (m)	iparon	עִפָּרוֹן (ז)
borracha (f)	'maxak	מַחַק (ז)
giz (m)	gir	גִּיר (ז)
estojo (m)	kalmar	קַלְמָר (ז)
pasta (f) escolar	yalkut	יַלְקוּט (ז)
caneta (f)	et	עֵט (ז)
caderno (m)	max'beret	מַחְבֶּרֶת (נ)
manual (m) escolar	'sefer limud	סֵפֶר לִימוּד (ז)
compasso (m)	mexuga	מְחוּגָה (נ)
traçar (vt)	lesartet	לְשַׂרְטֵט
desenho (m) técnico	sirtut	שִׂרְטוּט (ז)
poesia (f)	ʃir	שִׁיר (ז)
de cor	be'al pe	בְּעַל פֶּה
aprender de cor	lilmod be'al pe	לִלְמוֹד בְּעַל פֶּה
férias (f pl)	xuffa	חוּפְשָׁה (נ)
estar de férias	lihyot bexuffa	לִהְיוֹת בְּחוּפְשָׁה
passar as férias	leha'avir 'xofeʃ	לְהַעֲבִיר חוֹפֶשׁ
teste (m)	mivxan	מִבְחָן (ז)
composição, redação (f)	xibur	חִיבּוּר (ז)
ditado (m)	haxtava	הַכְתָבָה (נ)
exame (m)	bxina	בְּחִינָה (נ)
fazer exame	lehibaxen	לְהִיבָּחֵן
experiência (~ química)	nisui	נִיסּוּי (ז)

95. Colégio. Universidade

Português	Transliteração	Hebraico
academia (f)	aka'demya	אָקָדֶמְיָה (נ)
universidade (f)	uni'versita	אוּנִיבֶרְסִיטָה (נ)
faculdade (f)	fa'kulta	פָקוּלְטָה (נ)
estudante (m)	student	סְטוּדֶנְט (ז)
estudante (f)	stu'dentit	סְטוּדֶנְטִית (נ)
professor (m)	martse	מַרְצֶה (ז)
sala (f) de palestras	ulam hartsa'ot	אוּלַם הַרְצָאוֹת (ז)
graduado (m)	boger	בּוֹגֵר (ז)
diploma (m)	di'ploma	דִיפְלוֹמָה (נ)
tese (f)	diser'tatsya	דִיסֶרְטַצְיָה (נ)
estudo (obra)	mexkar	מֶחְקָר (ז)
laboratório (m)	ma'abada	מַעֲבָּדָה (נ)
palestra (f)	hartsa'a	הַרְצָאָה (נ)
colega (m) de curso	xaver lelimudim	חָבֵר לְלִימוּדִים (ז)
bolsa (f) de estudos	milga	מִלְגָה (נ)
grau (m) académico	'to'ar aka'demi	תּוֹאַר אָקָדָמִי (ז)

96. Ciências. Disciplinas

matemática (f)	mate'matika	מָתֶמָטִיקָה (נ)
álgebra (f)	'algebra	אַלְגֶּבְרָה (נ)
geometria (f)	ge'o'metriya	גֵּיאוֹמֶטְרִיָה (נ)
astronomia (f)	astro'nomya	אַסְטְרוֹנוֹמְיָה (נ)
biologia (f)	bio'logya	בִּיוֹלוֹגְיָה (נ)
geografia (f)	ge'o'grafya	גֵּיאוֹגְרַפְיָה (נ)
geologia (f)	ge'o'logya	גֵּיאוֹלוֹגְיָה (נ)
história (f)	his'torya	הִיסְטוֹרְיָה (נ)
medicina (f)	refu'a	רְפוּאָה (נ)
pedagogia (f)	xinux	חִינוּךְ (ז)
direito (m)	miʃpatim	מִשְׁפָּטִים (ז"ר)
física (f)	'fizika	פִיזִיקָה (נ)
química (f)	'ximya	כִימְיָה (נ)
filosofia (f)	filo'sofya	פִילוֹסוֹפְיָה (נ)
psicologia (f)	psixo'logya	פְּסִיכוֹלוֹגְיָה (נ)

97. Sistema de escrita. Ortografia

gramática (f)	dikduk	דִקְדוּק (ז)
vocabulário (m)	otsar milim	אוֹצָר מִילִים (ז)
fonética (f)	torat ha'hege	תוֹרַת הַהֶגֶה (נ)
substantivo (m)	ʃem 'etsem	שֵׁם עֶצֶם (ז)
adjetivo (m)	ʃem 'to'ar	שֵׁם תוֹאַר (ז)
verbo (m)	po'el	פּוֹעַל (ז)
advérbio (m)	'to'ar 'po'al	תוֹאַר פּוֹעַל (ז)
pronome (m)	ʃem guf	שֵׁם גוּף (ז)
interjeição (f)	milat kri'a	מִילַת קְרִיאָה (נ)
preposição (f)	milat 'yaxas	מִילַת יַחַס (נ)
raiz (f) da palavra	'ʃoreʃ	שׁוֹרֶשׁ (ז)
terminação (f)	si'yomet	סִיוֹמֶת (נ)
prefixo (m)	txilit	תְחִילִית (נ)
sílaba (f)	havara	הֲבָרָה (נ)
sufixo (m)	si'yomet	סִיוֹמֶת (נ)
acento (m)	'ta'am	טַעַם (ז)
apóstrofo (m)	'gereʃ	גֶרֶשׁ (ז)
ponto (m)	nekuda	נְקוּדָה (נ)
vírgula (f)	psik	פְסִיק (ז)
ponto e vírgula (m)	nekuda ufsik	נְקוּדָה וּפְסִיק (נ)
dois pontos (m pl)	nekudo'tayim	נְקוּדוֹתַיִים (נ"ר)
reticências (f pl)	ʃaloʃ nekudot	שָׁלוֹשׁ נְקוּדוֹת (נ"ר)
ponto (m) de interrogação	siman ʃe'ela	סִימָן שְׁאֵלָה (ז)
ponto (m) de exclamação	siman kri'a	סִימָן קְרִיאָה (ז)

aspas (f pl)	merxa'ot	מֶרְכָאוֹת (ז"ר)
entre aspas	bemerxa'ot	בְּמֶרְכָאוֹת
parênteses (m pl)	sog'rayim	סוֹגְרַיִים (ז"ר)
entre parênteses	besog'rayim	בְּסוֹגְרַיִים
hífen (m)	makaf	מַקָּף (ז)
travessão (m)	kav mafrid	קַו מַפְרִיד (ז)
espaço (m)	'revax	רֶוַוח (ז)
letra (f)	ot	אוֹת (נ)
letra (f) maiúscula	ot gdola	אוֹת גְדוֹלָה (נ)
vogal (f)	tnu'a	תְנוּעָה (נ)
consoante (f)	itsur	עִיצוּר (ז)
frase (f)	miʃpat	מִשְׁפָּט (ז)
sujeito (m)	nose	נוֹשֵׂא (ז)
predicado (m)	nasu	נָשׂוּא (ז)
linha (f)	ʃura	שׁוּרָה (נ)
em uma nova linha	beʃura xadaʃa	בְּשׁוּרָה חֲדָשָׁה
parágrafo (m)	piska	פִּסְקָה (נ)
palavra (f)	mila	מִילָה (נ)
grupo (m) de palavras	tsiruf milim	צֵירוּף מִילִים (ז)
expressão (f)	bitui	בִּיטוּי (ז)
sinónimo (m)	mila nir'defet	מִילָה נִרְדֶפֶת (נ)
antónimo (m)	'hefex	הֶפֶךְ (ז)
regra (f)	klal	כְּלָל (ז)
exceção (f)	yotse min haklal	יוֹצֵא מִן הַכְּלָל (ז)
correto	naxon	נָכוֹן
conjugação (f)	hataya	הַטָיָיה (נ)
declinação (f)	hataya	הַטָיָיה (נ)
caso (m)	yaxasa	יַחֲסָה (נ)
pergunta (f)	ʃe'ela	שְׁאֵלָה (נ)
sublinhar (vt)	lehadgiʃ	לְהַדְגִישׁ
linha (f) pontilhada	kav nakud	קַו נָקוּד (ז)

98. Línguas estrangeiras

língua (f)	safa	שָׂפָה (נ)
estrangeiro	zar	זָר
língua (f) estrangeira	safa zara	שָׂפָה זָרָה (נ)
estudar (vt)	lilmod	לִלְמוֹד
aprender (vt)	lilmod	לִלְמוֹד
ler (vt)	likro	לִקְרוֹא
falar (vi)	ledaber	לְדַבֵּר
compreender (vt)	lehavin	לְהָבִין
escrever (vt)	lixtov	לִכְתוֹב
rapidamente	maher	מַהֵר
devagar	le'at	לְאַט

fluentemente	xofʃi	חוֹפְשִׁי
regras (f pl)	klalim	כְּלָלִים (ז"ר)
gramática (f)	dikduk	דִקְדוּק (ז)
vocabulário (m)	otsar milim	אוֹצַר מִילִים (ז)
fonética (f)	torat ha'hege	תוֹרַת הַהֲגָה (נ)
manual (m) escolar	'sefer limud	סֵפֶר לִימוּד (ז)
dicionário (m)	milon	מִילוֹן (ז)
manual (m) de autoaprendizagem	'sefer lelimud atsmi	סֵפֶר לְלִימוּד עַצְמִי (ז)
guia (m) de conversação	sixon	שִׂיחוֹן (ז)
cassete (f)	ka'letet	קַלֶטֶת (נ)
vídeo cassete (m)	ka'letet 'vide'o	קַלֶטֶת וִידֵיאוֹ (נ)
CD (m)	taklitor	תַקְלִיטוֹר (ז)
DVD (m)	di vi di	דִי. וִי. דִי. (ז)
alfabeto (m)	alefbeit	אָלֶפְבֵּית (ז)
soletrar (vt)	le'ayet	לְאַיֵּת
pronúncia (f)	hagiya	הֲגִיָּה (נ)
sotaque (m)	mivta	מִבְטָא (ז)
com sotaque	im mivta	עִם מִבְטָא
sem sotaque	bli mivta	בְּלִי מִבְטָא
palavra (f)	mila	מִילָה (נ)
sentido (m)	maʃma'ut	מַשְׁמָעוּת (נ)
cursos (m pl)	kurs	קוּרְס (ז)
inscrever-se (vr)	leheraʃem lekurs	לְהֵירָשֵׁם לְקוּרְס
professor (m)	more	מוֹרֶה (ז)
tradução (processo)	tirgum	תִרְגוּם (ז)
tradução (texto)	tirgum	תִרְגוּם (ז)
tradutor (m)	metargem	מְתַרְגֵם (ז)
intérprete (m)	meturgeman	מְתוּרְגְמָן (ז)
poliglota (m)	poliglot	פּוֹלִיגְלוֹט (ז)
memória (f)	zikaron	זִיכָּרוֹן (ז)

Descanso. Entretenimento. Viagens

99. Viagens

Português	Transliteração	Hebraico
turismo (m)	tayarut	תַּיָּירוּת (נ)
turista (m)	tayar	תַּיָּיר (ז)
viagem (f)	tiyul	טִיּוּל (ז)
aventura (f)	harpatka	הַרְפַּתְקָה (נ)
viagem (f)	nesi'a	נְסִיעָה (נ)
férias (f pl)	ḥuffa	חוּפְשָׁה (נ)
estar de férias	lihyot beḥuffa	לִהְיוֹת בְּחוּפְשָׁה
descanso (m)	menuḥa	מְנוּחָה (נ)
comboio (m)	ra'kevet	רַכֶּבֶת (נ)
de comboio (chegar ~)	bera'kevet	בְּרַכֶּבֶת
avião (m)	matos	מָטוֹס (ז)
de avião	bematos	בְּמָטוֹס
de carro	bemeḥonit	בִּמְכוֹנִית
de navio	be'oniya	בָּאוֹנִיָּיה
bagagem (f)	mit'an	מִטְעָן (ז)
mala (f)	mizvada	מִזְוָודָה (נ)
carrinho (m)	eglat mit'an	עֶגְלַת מִטְעָן (נ)
passaporte (m)	darkon	דַּרְכּוֹן (ז)
visto (m)	'viza, aſra	וִיזָה, אַשְׁרָה (נ)
bilhete (m)	kartis	כַּרְטִיס (ז)
bilhete (m) de avião	kartis tisa	כַּרְטִיס טִיסָה (ז)
guia (m) de viagem	madriḥ	מַדְרִיךְ (ז)
mapa (m)	mapa	מַפָּה (נ)
local (m), area (f)	ezor	אֵזוֹר (ז)
lugar, sítio (m)	makom	מָקוֹם (ז)
exotismo (m)	ek'zotika	אֶקְזוֹטִיקָה (נ)
exótico	ek'zoti	אֶקְזוֹטִי
surpreendente	nifla	נִפְלָא
grupo (m)	kvutsa	קְבוּצָה (נ)
excursão (f)	tiyul	טִיּוּל (ז)
guia (m)	madriḥ tiyulim	מַדְרִיךְ טִיּוּלִים (ז)

100. Hotel

Português	Transliteração	Hebraico
hotel (m)	malon	מָלוֹן (ז)
motel (m)	motel	מוֹטֶל (ז)
três estrelas	ſloſa koḥavim	שְׁלוֹשָׁה כּוֹכָבִים

cinco estrelas	xamiʃa koxavim	חֲמִישָׁה כּוֹכָבִים
ficar (~ num hotel)	lehit'axsen	לְהִתְאַכְסֵן
quarto (m)	'xeder	חֶדֶר (ז)
quarto (m) individual	'xeder yaxid	חֶדֶר יָחִיד (ז)
quarto (m) duplo	'xeder zugi	חֶדֶר זוּגִי (ז)
reservar um quarto	lehazmin 'xeder	לְהַזְמִין חֶדֶר
meia pensão (f)	xatsi pensiyon	חֲצִי פֶּנְסִיּוֹן (ז)
pensão (f) completa	pensyon male	פֶּנְסִיּוֹן מָלֵא (ז)
com banheira	im am'batya	עִם אַמְבַּטְיָה
com duche	im mik'laxat	עִם מִקְלַחַת
televisão (m) satélite	tele'vizya bekvalim	טֶלֶוִויזְיָה בְּכְבָלִים (נ)
ar (m) condicionado	mazgan	מַזְגָּן (ז)
toalha (f)	ma'gevet	מַגֶּבֶת (נ)
chave (f)	maf'teax	מַפְתֵּחַ (ז)
administrador (m)	amarkal	אֲמַרְכָּל (ז)
camareira (f)	xadranit	חַדְרָנִית (נ)
bagageiro (m)	sabal	סַבָּל (ז)
porteiro (m)	pakid kabala	פְּקִיד קַבָּלָה (ז)
restaurante (m)	mis'ada	מִסְעָדָה (נ)
bar (m)	bar	בָּר (ז)
pequeno-almoço (m)	aruxat 'boker	אֲרוּחַת בּוֹקֶר (נ)
jantar (m)	aruxat 'erev	אֲרוּחַת עֶרֶב (נ)
buffet (m)	miznon	מִזְנוֹן (ז)
hall (m) de entrada	'lobi	לוֹבִּי (ז)
elevador (m)	ma'alit	מַעֲלִית (נ)
NÃO PERTURBE	lo lehafri'a	לֹא לְהַפְרִיעַ
PROIBIDO FUMAR!	asur le'aʃen!	אָסוּר לְעַשֵּׁן!

EQUIPAMENTO TÉCNICO. TRANSPORTES

Equipamento técnico. Transportes

101. Computador

computador (m)	maxʃev	מַחְשֵׁב (ז)
portátil (m)	maxʃev nayad	מַחְשֵׁב נַיָּיד (ז)
ligar (vt)	lehadlik	לְהַדְלִיק
desligar (vt)	lexabot	לְכַבּוֹת
teclado (m)	mik'ledet	מִקְלֶדֶת (נ)
tecla (f)	makaʃ	מַקָשׁ (ז)
rato (m)	axbar	עַכְבָּר (ז)
tapete (m) de rato	ʃa'tiax le'axbar	שְׁטִיחַ לְעַכְבָּר (ז)
botão (m)	kaftor	כַּפְתּוֹר (ז)
cursor (m)	saman	סַמָן (ז)
monitor (m)	masax	מָסָךְ (ז)
ecrã (m)	tsag	צַג (ז)
disco (m) rígido	disk ka'ʃiax	דִיסק קָשִׁיחַ (ז)
capacidade (f) do disco rígido	'nefax disk ka'ʃiax	נֶפַח דִיסק קָשִׁיחַ (ז)
memória (f)	zikaron	זִיכָּרוֹן (ז)
memória RAM (f)	zikaron giʃa akra'it	זִיכָּרוֹן גִישָׁה אַקְרָאִית (ז)
ficheiro (m)	'kovets	קוֹבֶץ (ז)
pasta (f)	tikiya	תִיקִייָה (נ)
abrir (vt)	lif'toax	לִפְתּוֹחַ
fechar (vt)	lisgor	לִסְגוֹר
guardar (vt)	liʃmor	לִשְׁמוֹר
apagar, eliminar (vt)	limxok	לִמְחוֹק
copiar (vt)	leha'atik	לְהַעֲתִיק
ordenar (vt)	lemayen	לְמַיֵין
copiar (vt)	leha'avir	לְהַעֲבִיר
programa (m)	toxna	תוֹכְנָה (נ)
software (m)	toxna	תוֹכְנָה (נ)
programador (m)	metaxnet	מְתַכְנֵת (ז)
programar (vt)	letaxnet	לְתַכְנֵת
hacker (m)	'haker	הָאקֵר (ז)
senha (f)	sisma	סִיסְמָה (נ)
vírus (m)	'virus	וִירוּס (ז)
detetar (vt)	limtso, le'ater	לִמְצוֹא, לְאַתֵר
byte (m)	bait	בַּייט (ז)

megabyte (m)	megabait	מֶגָבַּיִט (ז)
dados (m pl)	netunim	נְתוּנִים (ז״ר)
base (f) de dados	bsis netunim	בָּסִיס נְתוּנִים (ז)
cabo (m)	'kevel	כֶּבֶל (ז)
desconectar (vt)	lenatek	לְנַתֵּק
conetar (vt)	lexaber	לְחַבֵּר

102. Internet. E-mail

internet (f)	'internet	אִינְטֶרְנֶט (ז)
browser (m)	dafdefan	דַפְדְפָן (ז)
motor (m) de busca	ma'no'a xipus	מָנוֹעַ חִיפּוּשׂ (ז)
provedor (m)	sapak	סַפָּק (ז)
webmaster (m)	menahel ha'atar	מְנַהֵל הָאָתָר (ז)
website, sítio web (m)	atar	אָתָר (ז)
página (f) web	daf 'internet	דַף אִינְטֶרְנֶט (ז)
endereço (m)	'ktovet	כְּתוֹבֶת (נ)
livro (m) de endereços	'sefer ktovot	סֵפֶר כְּתוֹבוֹת (ז)
caixa (f) de correio	teivat 'do'ar	תֵּיבַת דוֹאַר (נ)
correio (m)	'do'ar, 'do'al	דוֹאַר (ז), דוֹאַ״ל (ז)
cheia (caixa de correio)	gaduʃ	גָדוּשׁ
mensagem (f)	hoda'a	הוֹדָעָה (נ)
mensagens (f pl) recebidas	hoda'ot nixnasot	הוֹדָעוֹת נִכְנָסוֹת (נ״ר)
mensagens (f pl) enviadas	hoda'ot yots'ot	הוֹדָעוֹת יוֹצְאוֹת (נ״ר)
remetente (m)	ʃo'leax	שׁוֹלֵחַ (ז)
enviar (vt)	liʃ'loax	לִשְׁלוֹחַ
envio (m)	ʃlixa	שְׁלִיחָה (נ)
destinatário (m)	nim'an	נִמְעָן (ז)
receber (vt)	lekabel	לְקַבֵּל
correspondência (f)	hitkatvut	הִתְכַּתְּבוּת (נ)
corresponder-se (vr)	lehitkatev	לְהִתְכַּתֵּב
ficheiro (m)	'kovets	קוֹבֶץ (ז)
fazer download, baixar	lehorid	לְהוֹרִיד
criar (vt)	litsor	לִיצוֹר
apagar, eliminar (vt)	limxok	לִמְחוֹק
eliminado	maxuk	מָחוּק
conexão (f)	xibur	חִיבּוּר (ז)
velocidade (f)	mehirut	מְהִירוּת (נ)
modem (m)	'modem	מוֹדֶם (ז)
acesso (m)	giʃa	גִישָׁה (נ)
porta (f)	port	פּוֹרְט (ז)
conexão (f)	xibur	חִיבּוּר (ז)
conetar (vi)	lehitxaber	לְהִתְחַבֵּר
escolher (vt)	livxor	לִבְחוֹר
buscar (vt)	lexapes	לְחַפֵּשׂ

103. Eletricidade

eletricidade (f)	χaʃmal	חַשְׁמַל (ז)
elétrico	χaʃmali	חַשְׁמַלִי
central (f) elétrica	taχanat 'koaχ	תַחֲנַת כּוֹחַ (נ)
energia (f)	e'nergya	אֶנֶרְגְיָה (נ)
energia (f) elétrica	e'nergya χaʃmalit	אֶנֶרְגְיָה חַשְׁמַלִית (נ)
lâmpada (f)	nura	נוּרָה (נ)
lanterna (f)	panas	פָּנָס (ז)
poste (m) de iluminação	panas reχov	פָּנָס רְחוֹב (ז)
luz (f)	or	אוֹר (ז)
ligar (vt)	lehadlik	לְהַדְלִיק
desligar (vt)	leχabot	לְכַבּוֹת
apagar a luz	leχabot	לְכַבּוֹת
fundir (vi)	lehisaref	לְהִישָׂרֵף
curto-circuito (m)	'ketser	קֶצֶר (ז)
rutura (f)	χut ka'ru'a	חוּט קָרוּעַ (ז)
contacto (m)	maga	מַגָע (ז)
interruptor (m)	'meteg	מֶתֶג (ז)
tomada (f)	'ʃeka	שֶׁקַע (ז)
ficha (f)	'teka	תֶקַע (ז)
extensão (f)	'kabel ma'ariχ	כַּבֶּל מַאֲרִיךְ (ז)
fusível (m)	natiχ	נָתִיךְ (ז)
fio, cabo (m)	χut	חוּט (ז)
instalação (f) elétrica	χivut	חִיווּט (ז)
ampere (m)	amper	אַמפֶּר (ז)
amperagem (f)	'zerem χaʃmali	זֶרֶם חַשְׁמַלִי (ז)
volt (m)	volt	ווֹלט (ז)
voltagem (f)	'metaχ	מֶתַח (ז)
aparelho (m) elétrico	maχʃir χaʃmali	מַכשִׁיר חַשְׁמַלִי (ז)
indicador (m)	maχvan	מַחווָן (ז)
eletricista (m)	χaʃmalai	חַשְׁמַלַאי (ז)
soldar (vt)	lehalχim	לְהַלחִים
ferro (m) de soldar	malχem	מַלחֵם (ז)
corrente (f) elétrica	'zerem	זֶרֶם (ז)

104. Ferramentas

ferramenta (f)	kli	כְּלִי (ז)
ferramentas (f pl)	klei avoda	כְּלֵי עֲבוֹדָה (ז"ר)
equipamento (m)	tsiyud	צִיוּד (ז)
martelo (m)	patiʃ	פַּטִישׁ (ז)
chave (f) de fendas	mavreg	מַברֵג (ז)
machado (m)	garzen	גַרזֶן (ז)

serra (f)	masor	מָסוֹר (ז)
serrar (vt)	lenaser	לְנַסֵּר
plaina (f)	maktso'a	מַקְצוּעָה (נ)
aplainar (vt)	lehak'tsi'a	לְהַקְצִיעַ
ferro (m) de soldar	malxem	מַלְחֵם (ז)
soldar (vt)	lehalxim	לְהַלְחִים
lima (f)	ptsira	פְּצִירָה (נ)
tenaz (f)	tsvatot	צְבָתוֹת (נ"ר)
alicate (m)	mel'kaxat	מֶלְקַחַת (נ)
formão (m)	izmel	אִזְמֵל (ז)
broca (f)	mak'deax	מַקְדֵּחַ (ז)
berbequim (f)	makdexa	מַקְדֵּחָה (נ)
furar (vt)	lik'doax	לִקְדּוֹחַ
faca (f)	sakin	סַכִּין (נ, ז)
canivete (m)	olar	אוֹלָר (ז)
lâmina (f)	'lahav	לַהַב (ז)
afiado	xad	חַד
cego	kehe	קֵהֶה
embotar-se (vr)	lehitkahot	לְהִתְקַהוֹת
afiar, amolar (vt)	lehaʃxiz	לְהַשְׁחִיז
parafuso (m)	'boreg	בּוֹרֶג (ז)
porca (f)	om	אוֹם (ז)
rosca (f)	tavrig	תַּבְרִיג (ז)
parafuso (m) para madeira	'boreg	בּוֹרֶג (ז)
prego (m)	masmer	מַסְמֵר (ז)
cabeça (f) do prego	roʃ hamasmer	רֹאשׁ הַמַּסְמֵר (ז)
régua (f)	sargel	סַרְגֵּל (ז)
fita (f) métrica	'seret meida	סֶרֶט מֵידָה (ז)
nível (m)	'peles	פֶּלֶס (ז)
lupa (f)	zxuxit mag'delet	זְכוּכִית מַגְדֶּלֶת (נ)
medidor (m)	maxʃir medida	מַכְשִׁיר מְדִידָה (ז)
medir (vt)	limdod	לִמְדּוֹד
escala (f)	'skala	סְקָאלָה (נ)
indicação (f), registo (m)	medida	מְדִידָה (נ)
compressor (m)	madxes	מַדְחֵס (ז)
microscópio (m)	mikroskop	מִיקְרוֹסְקוֹפּ (ז)
bomba (f)	maʃeva	מַשְׁאֵבָה (נ)
robô (m)	robot	רוֹבּוֹט (ז)
laser (m)	'leizer	לַיְיזֶר (ז)
chave (f) de boca	maf'teax bragim	מַפְתֵּחַ בְּרָגִים (ז)
fita (f) adesiva	neyar 'devek	נְיָיר דֶּבֶק (ז)
cola (f)	'devek	דֶּבֶק (ז)
lixa (f)	neyar zxuxit	נְיָיר זְכוּכִית (ז)
mola (f)	kfits	קְפִיץ (ז)

íman (m)	magnet	מַגְנֵט (ז)
luvas (f pl)	kfafot	כְּפָפוֹת (נ"ר)
corda (f)	'xevel	חֶבֶל (ז)
cordel (m)	sroxֶ	שְׂרוֹךְ (ז)
fio (m)	xut	חוּט (ז)
cabo (m)	'kevel	כֶּבֶל (ז)
marreta (f)	kurnas	קוּרְנָס (ז)
pé de cabra (m)	lom	לוֹם (ז)
escada (f) de mão	sulam	סוּלָם (ז)
escadote (m)	sulam	סוּלָם (ז)
enroscar (vt)	lehavrig	לְהַבְרִיג
desenroscar (vt)	lif'toax, lehavrig	לִפְתוֹחַ, לְהַבְרִיג
apertar (vt)	lehadek	לְהַדֵּק
colar (vt)	lehadbik	לְהַדְבִּיק
cortar (vt)	laxtox	לַחְתּוֹךְ
falha (mau funcionamento)	takala	תַּקָלָה (נ)
conserto (m)	tikun	תִּיקוּן (ז)
consertar, reparar (vt)	letaken	לְתַקֵן
regular, ajustar (vt)	lexavnen	לְכַוֵּונֵן
verificar (vt)	livdok	לִבְדוֹק
verificação (f)	bdika	בְּדִיקָה (נ)
indicação (f), registo (m)	kri'a	קְרִיאָה (נ)
seguro	amin	אָמִין
complicado	murkav	מוּרְכָּב
enferrujar (vi)	lehaxlid	לְהַחֲלִיד
enferrujado	xalud	חָלוּד
ferrugem (f)	xaluda	חֲלוּדָה (נ)

Transportes

105. Avião

avião (m)	matos	מָטוֹס (ז)
bilhete (m) de avião	kartis tisa	כַּרְטִיס טִיסָה (ז)
companhia (f) aérea	xevrat te'ufa	חֶבְרַת תְּעוּפָה (נ)
aeroporto (m)	nemal te'ufa	נְמַל תְּעוּפָה (ז)
supersónico	al koli	עַל קוֹלִי
comandante (m) do avião	kabarnit	קַבַּרְנִיט (ז)
tripulação (f)	'tsevet	צֶוֶות (ז)
piloto (m)	tayas	טַייָס (ז)
hospedeira (f) de bordo	da'yelet	דַּייֶלֶת (נ)
copiloto (m)	navat	נַוָּוט (ז)
asas (f pl)	kna'fayim	כְּנָפַיִים (נ"ר)
cauda (f)	zanav	זָנָב (ז)
cabine (f) de pilotagem	'kokpit	קוֹקְפִּיט (ז)
motor (m)	ma'no'a	מָנוֹעַ (ז)
trem (m) de aterragem	kan nesi'a	כַּן נְסִיעָה (ז)
turbina (f)	tur'bina	טוּרְבִּינָה (נ)
hélice (f)	madxef	מַדְחֵף (ז)
caixa-preta (f)	kufsa ʃxora	קוּפְסָה שְׁחוֹרָה (נ)
coluna (f) de controlo	'hege	הֶגֶה (ז)
combustível (m)	'delek	דֶּלֶק (ז)
instruções (f pl) de segurança	hora'ot betixut	הוֹרָאוֹת בְּטִיחוּת (נ"ר)
máscara (f) de oxigénio	masexat xamtsan	מַסֵיכַת חַמְצָן (נ)
uniforme (m)	madim	מַדִּים (ז"ר)
colete (m) salva-vidas	xagorat hatsala	חֲגוֹרַת הַצָּלָה (נ)
paraquedas (m)	mitsnax	מִצְנָח (ז)
descolagem (f)	hamra'a	הַמְרָאָה (נ)
descolar (vi)	lehamri	לְהַמְרִיא
pista (f) de descolagem	maslul hamra'a	מַסְלוּל הַמְרָאָה (ז)
visibilidade (f)	re'ut	רְאוּת (נ)
voo (m)	tisa	טִיסָה (נ)
altura (f)	'gova	גּוֹבַהּ (ז)
poço (m) de ar	kis avir	כִּיס אֲוִויר (ז)
assento (m)	moʃav	מוֹשָׁב (ז)
auscultadores (m pl)	ozniyot	אוֹזְנִיּוֹת (נ"ר)
mesa (f) rebatível	magaʃ mitkapel	מַגָּשׁ מִתְקַפֵּל (ז)
vigia (f)	tsohar	צוֹהַר (ז)
passagem (f)	ma'avar	מַעֲבָר (ז)

106. Comboio

comboio (m)	ra'kevet	רַכֶּבֶת (נ)
comboio (m) suburbano	ra'kevet parvarim	רַכֶּבֶת פַּרְבָרִים (נ)
comboio (m) rápido	ra'kevet mehira	רַכֶּבֶת מְהִירָה (נ)
locomotiva (f) diesel	katar 'dizel	קַטָר דִיזֶל (ז)
locomotiva (f) a vapor	katar	קַטָר (ז)
carruagem (f)	karon	קָרוֹן (ז)
carruagem restaurante (f)	kron mis'ada	קְרוֹן מִסְעָדָה (ז)
carris (m pl)	mesilot	מְסִילוֹת (נ״ר)
caminho de ferro (m)	mesilat barzel	מְסִילַת בַּרְזֶל (נ)
travessa (f)	'eden	אֶדֶן (ז)
plataforma (f)	ratsif	רָצִיף (ז)
linha (f)	mesila	מְסִילָה (נ)
semáforo (m)	ramzor	רַמְזוֹר (ז)
estação (f)	taχana	תַחֲנָה (נ)
maquinista (m)	nahag ra'kevet	נֶהָג רַכֶּבֶת (ז)
bagageiro (m)	sabal	סַבָּל (ז)
hospedeiro, -a (da carruagem)	sadran ra'kevet	סַדְרָן רַכֶּבֶת (ז)
passageiro (m)	no'se'a	נוֹסֵעַ (ז)
revisor (m)	bodek	בּוֹדֵק (ז)
corredor (m)	prozdor	פְּרוֹזְדוֹר (ז)
freio (m) de emergência	ma'atsar χirum	מַעֲצַר חֵירוּם (ז)
compartimento (m)	ta	תָא (ז)
cama (f)	dargaʃ	דַרְגָש (ז)
cama (f) de cima	dargaʃ elyon	דַרְגָש עֶלְיוֹן (ז)
cama (f) de baixo	dargaʃ taχton	דַרְגָש תַחְתוֹן (ז)
roupa (f) de cama	matsa'im	מַצָעִים (ז״ר)
bilhete (m)	kartis	כַּרְטִיס (ז)
horário (m)	'luaχ zmanim	לוּחַ זְמַנִים (ז)
painel (m) de informação	'ʃelet meida	שֶלֶט מֵידָע (ז)
partir (vt)	latset	לָצֵאת
partida (f)	yetsi'a	יְצִיאָה (נ)
chegar (vi)	leha'gi'a	לְהַגִיעַ
chegada (f)	haga'a	הַגָעָה (נ)
chegar de comboio	leha'gi'a bera'kevet	לְהַגִיעַ בְּרַכֶּבֶת
apanhar o comboio	la'alot lera'kevet	לַעֲלוֹת לְרַכֶּבֶת
sair do comboio	la'redet mehara'kevet	לָרֶדֶת מֵהָרַכֶּבֶת
acidente (m) ferroviário	hitraskut	הִתְרַסְקוּת (נ)
descarrilar (vi)	la'redet mipasei ra'kevet	לָרֶדֶת מִפַּסֵי רַכֶּבֶת
locomotiva (f) a vapor	katar	קַטָר (ז)
fogueiro (m)	masik	מַסִיק (ז)
fornalha (f)	kivʃan	כִּבְשָן (ז)
carvão (m)	peχam	פֶּחָם (ז)

107. Barco

navio (m)	sfina	סְפִינָה (נ)
embarcação (f)	sfina	סְפִינָה (נ)
vapor (m)	oniyat kitor	אוֹנִיַּת קִיטוֹר (נ)
navio (m)	sfinat nahar	סְפִינַת נָהָר (נ)
transatlântico (m)	oniyat taʻanugot	אוֹנִיַּת תַּעֲנוּגוֹת (נ)
cruzador (m)	sa'yeret	סַיֶּרֶת (נ)
iate (m)	'yaχta	יַכְטָה (נ)
rebocador (m)	go'reret	גּוֹרֶרֶת (נ)
barcaça (f)	arba	אַרְבָּה (נ)
ferry (m)	maʻa'boret	מַעֲבֹרֶת (נ)
veleiro (m)	sfinat mifras	סְפִינַת מִפְרָשׂ (נ)
bergantim (m)	briganit	בְּרִיגָּנִית (נ)
quebra-gelo (m)	ʃo'veret 'keraχ	שׁוֹבֶרֶת קֶרַח (נ)
submarino (m)	tso'lelet	צוֹלֶלֶת (נ)
bote, barco (m)	sira	סִירָה (נ)
bote, dingue (m)	sira	סִירָה (נ)
bote (m) salva-vidas	sirat hatsala	סִירַת הַצָּלָה (נ)
lancha (f)	sirat ma'noʻa	סִירַת מָנוֹעַ (נ)
capitão (m)	rav χovel	רַב-חוֹבֵל (ז)
marinheiro (m)	malaχ	מַלָּח (ז)
marujo (m)	yamai	יַמַּאי (ז)
tripulação (f)	'tsevet	צֶוֶת (ז)
contramestre (m)	rav malaχim	רַב-מַלָּחִים (ז)
grumete (m)	'naʻar sipun	נַעַר סִיפּוּן (ז)
cozinheiro (m) de bordo	tabaχ	טַבָּח (ז)
médico (m) de bordo	rofe ha'oniya	רוֹפֵא הָאוֹנִיָּה (ז)
convés (m)	sipun	סִיפּוּן (ו)
mastro (m)	'toren	תּוֹרֶן (ז)
vela (f)	mifras	מִפְרָשׂ (ז)
porão (m)	'beten oniya	בֶּטֶן אוֹנִיָּה (נ)
proa (f)	χartom	חַרְטוֹם (ז)
popa (f)	yarketei hasfina	יַרְכְּתֵי הַסְּפִינָה (ז״ר)
remo (m)	maʃot	מָשׁוֹט (ז)
hélice (f)	madχef	מַדְחֵף (ז)
camarote (m)	ta	תָּא (ז)
sala (f) dos oficiais	moʻadon ktsinim	מוֹעֲדוֹן קְצִינִים (ז)
sala (f) das máquinas	χadar meχonot	חֲדַר מְכוֹנוֹת (ז)
ponte (m) de comando	'geʃer hapikud	גֶּשֶׁר הַפִּיקוּד (ז)
sala (f) de comunicações	ta alχutan	תָּא אַלְחוּטָן (ז)
onda (f) de rádio	'teder	תֶּדֶר (ז)
diário (m) de bordo	yoman ha'oniya	יוֹמַן הָאוֹנִיָּה (ז)
luneta (f)	miʃ'kefet	מִשְׁקֶפֶת (נ)
sino (m)	paʻamon	פַּעֲמוֹן (ז)

bandeira (f)	'degel	דֶּגֶל (ז)
cabo (m)	avot ha'oniya	עֲבוֹת הָאוֹנִיָּה (נ)
nó (m)	'keʃer	קֶשֶׁר (ז)
corrimão (m)	ma'ake hasipun	מַעֲקֵה הַסִּיפּוּן (ז)
prancha (f) de embarque	'keveʃ	כֶּבֶשׁ (ז)
âncora (f)	'ogen	עוֹגֶן (ז)
recolher a âncora	leharim 'ogen	לְהָרִים עוֹגֶן
lançar a âncora	la'agon	לַעֲגוֹן
amarra (f)	ʃar'ʃeret ha'ogen	שַׁרְשֶׁרֶת הָעוֹגֶן (נ)
porto (m)	namal	נָמֵל (ז)
cais, amarradouro (m)	'mezaχ	מֶזַח (ז)
atracar (vi)	la'agon	לַעֲגוֹן
desatracar (vi)	lehaflig	לְהַפְלִיג
viagem (f)	masa, tiyul	מַסָּע (ז), טִיּוּל (ז)
cruzeiro (m)	'ʃayit	שַׁיִט (ז)
rumo (m), rota (f)	kivun	כִּיוּוּן (ז)
itinerário (m)	nativ	נָתִיב (ז)
canal (m) navegável	nativ 'ʃayit	נְתִיב שַׁיִט (ז)
banco (m) de areia	sirton	שִׂרְטוֹן (ז)
encalhar (vt)	la'alot al hasirton	לַעֲלוֹת עַל הַשִּׂרְטוֹן
tempestade (f)	sufa	סוּפָה (נ)
sinal (m)	ot	אוֹת (ז)
afundar-se (vr)	lit'bo'a	לִטְבּוֹעַ
Homem ao mar!	adam ba'mayim!	אָדָם בַּמַּיִם!
SOS	kri'at hatsala	קְרִיאַת הַצָּלָה
boia (f) salva-vidas	galgal hatsala	גַּלְגַּל הַצָּלָה (ז)

108. Aeroporto

aeroporto (m)	nemal te'ufa	נְמַל תְּעוּפָה (ז)
avião (m)	matos	מָטוֹס (ז)
companhia (f) aérea	χevrat te'ufa	חֶבְרַת תְּעוּפָה (נ)
controlador (m) de tráfego aéreo	bakar tisa	בַּקָּר טִיסָה (ז)
partida (f)	hamra'a	הַמְרָאָה (נ)
chegada (f)	neχita	נְחִיתָה (נ)
chegar (~ de avião)	leha'gi'a betisa	לְהַגִּיעַ בְּטִיסָה
hora (f) de partida	zman hamra'a	זְמַן הַמְרָאָה (ז)
hora (f) de chegada	zman neχita	זְמַן נְחִיתָה (ז)
estar atrasado	lehit'akev	לְהִתְעַכֵּב
atraso (m) de voo	ikuv hatisa	עִיכּוּב הַטִּיסָה (ז)
painel (m) de informação	'luaχ meida	לוּחַ מֵידָע (ז)
informação (f)	meida	מֵידָע (ז)
anunciar (vt)	leho'dia	לְהוֹדִיעַ

voo (m)	tisa	טִיסָה (נ)
alfândega (f)	'meχes	מֶכֶס (ז)
funcionário (m) da alfândega	pakid 'meχes	פְּקִיד מֶכֶס (ז)
declaração (f) alfandegária	hatsharat meχes	הַצְהָרַת מֶכֶס (נ)
preencher (vt)	lemale	לְמַלֵּא
preencher a declaração	lemale 'tofes hatshara	לְמַלֵּא טוֹפֶס הַצְהָרָה
controlo (m) de passaportes	bdikat darkonim	בְּדִיקַת דַּרְפּוֹנִים (נ)
bagagem (f)	kvuda	כְּבוּדָה (נ)
bagagem (f) de mão	kvudat yad	כְּבוּדַת יָד (נ)
carrinho (m)	eglat kvuda	עֶגְלַת כְּבוּדָה (נ)
aterragem (f)	neχita	נְחִיתָה (נ)
pista (f) de aterragem	maslul neχita	מַסְלוּל נְחִיתָה (ז)
aterrar (vi)	linχot	לִנְחוֹת
escada (f) de avião	'keveʃ	כֶּבֶשׁ (ז)
check-in (m)	tʃek in	צֶ'ק אִין (ז)
balcão (m) do check-in	dalpak tʃek in	דַּלְפַּק צֶ'ק אִין (ז)
fazer o check-in	leva'tse'a tʃek in	לְבַצֵּעַ צֶ'ק אִין
cartão (m) de embarque	kartis aliya lematos	כַּרְטִיס עֲלִיָּה לְמָטוֹס (ז)
porta (f) de embarque	ʃa'ar yetsi'a	שַׁעַר יְצִיאָה (ז)
trânsito (m)	ma'avar	מַעֲבָר (ז)
esperar (vi, vt)	lehamtin	לְהַמְתִּין
sala (f) de espera	traklin tisa	טְרַקְלִין טִיסָה (ז)
despedir-se de ...	lelavot	לְלַוּוֹת
despedir-se (vr)	lomar lehitra'ot	לוֹמַר לְהִתְרָאוֹת

Eventos

109. Férias. Evento

festa (f)	χagiga	חֲגִיגָה (נ)
festa (f) nacional	χag le'umi	חַג לְאוּמִי (ז)
feriado (m)	yom χag	יוֹם חַג (ז)
festejar (vt)	laχgog	לַחְגּוֹג
evento (festa, etc.)	hitraχaʃut	הִתְרַחֲשׁוּת (נ)
evento (banquete, etc.)	ei'ru'a	אֵירוּעַ (ז)
banquete (m)	se'uda χagigit	סְעוּדָה חֲגִיגִית (נ)
receção (f)	ei'ruaχ	אֵירוּעַ (ז)
festim (m)	miʃte	מִשְׁתֶּה (ז)
aniversário (m)	yom haʃana	יוֹם הַשָּׁנָה (ז)
jubileu (m)	χag hayovel	חַג הַיּוֹבֵל (ז)
celebrar (vt)	laχgog	לַחְגּוֹג
Ano (m) Novo	ʃana χadaʃa	שָׁנָה חֲדָשָׁה (נ)
Feliz Ano Novo!	ʃana tova!	שָׁנָה טוֹבָה!
Pai (m) Natal	'santa 'kla'us	סַנְטָה קְלָאוּס
Natal (m)	χag hamolad	חַג הַמּוֹלָד (ז)
Feliz Natal!	χag hamolad sa'meaχ!	חַג הַמּוֹלָד שָׂמֵחַ!
árvore (f) de Natal	ets χag hamolad	עֵץ חַג הַמּוֹלָד (ז)
fogo (m) de artifício	zikukim	זִיקוּקִים (ז"ר)
boda (f)	χatuna	חֲתוּנָה (נ)
noivo (m)	χatan	חָתָן (ז)
noiva (f)	kala	כַּלָּה (נ)
convidar (vt)	lehazmin	לְהַזְמִין
convite (m)	hazmana	הַזְמָנָה (נ)
convidado (m)	o'reaχ	אוֹרֵחַ (ז)
visitar (vt)	levaker	לְבַקֵּר
receber os hóspedes	lekabel orχim	לְקַבֵּל אוֹרְחִים
presente (m)	matana	מַתָּנָה (נ)
oferecer (vt)	latet matana	לָתֵת מַתָּנָה
receber presentes	lekabel matanot	לְקַבֵּל מַתָּנוֹת
ramo (m) de flores	zer	זֵר (ז)
felicitações (f pl)	braχa	בְּרָכָה (נ)
felicitar (dar os parabéns)	levareχ	לְבָרֵךְ
cartão (m) de parabéns	kartis braχa	כַּרְטִיס בְּרָכָה (ז)
enviar um postal	liʃ'loaχ gluya	לִשְׁלוֹחַ גְּלוּיָה
receber um postal	lekabel gluya	לְקַבֵּל גְּלוּיָה

brinde (m)	leharim kosit	לְהָרִים כּוֹסִית
oferecer (vt)	lexabed	לְכַבֵּד
champanhe (m)	ʃam'panya	שַׁמְפַּנְיָה (נ)
divertir-se (vr)	lehanot	לֵיהָנוֹת
diversão (f)	alitsut	עֲלִיצוּת (נ)
alegria (f)	simχa	שִׂמְחָה (נ)
dança (f)	rikud	רִיקוּד (ז)
dançar (vi)	lirkod	לִרְקוֹד
valsa (f)	vals	וַלְס (ז)
tango (m)	'tango	טַנְגּוֹ (ז)

110. Funerais. Enterro

cemitério (m)	beit kvarot	בֵּית קְבָרוֹת (ז)
sepultura (f), túmulo (m)	'kever	קֶבֶר (ז)
cruz (f)	tslav	צְלָב (ז)
lápide (f)	matseva	מַצֵּבָה (נ)
cerca (f)	gader	גָּדֵר (נ)
capela (f)	beit tfila	בֵּית תְּפִילָה (ז)
morte (f)	'mavet	מָוֶת (ז)
morrer (vi)	lamut	לָמוּת
defunto (m)	niftar	נִפְטָר (ז)
luto (m)	'evel	אֵבֶל (ז)
enterrar, sepultar (vt)	likbor	לִקְבּוֹר
agência (f) funerária	beit levayot	בֵּית לְוָיוֹת (ז)
funeral (m)	levaya	לְוָיָה (נ)
coroa (f) de flores	zer	זֵר (ז)
caixão (m)	aron metim	אֲרוֹן מֵתִים (ז)
carro (m) funerário	kron hamet	קְרוֹן הַמֵּת (ז)
mortalha (f)	taχriχim	וְתַכְרִיכִים (ז"ר)
procissão (f) funerária	tahaluχat 'evel	תַהֲלוּכַת אֵבֶל (נ)
urna (f) funerária	kad 'efer	כַּד אֵפֶר (ז)
crematório (m)	misrafa	מִשְׂרָפָה (נ)
obituário (m), necrologia (f)	moda'at 'evel	מוֹדָעַת אֵבֶל (נ)
chorar (vi)	livkot	לִבְכּוֹת
soluçar (vi)	lehitya'peaχ	לְהִתְיַפֵּחַ

111. Guerra. Soldados

pelotão (m)	maχlaka	מַחְלָקָה (נ)
companhia (f)	pluga	פְּלוּגָה (נ)
regimento (m)	χativa	חֲטִיבָה (נ)
exército (m)	tsava	צָבָא (ז)
divisão (f)	ugda	אוּגְדָה (נ)

| destacamento (m) | kita | כִּיתָה (נ) |
| hoste (f) | 'χayil | חַיִל (ז) |

| soldado (m) | χayal | חַיָּל (ז) |
| oficial (m) | katsin | קָצִין (ז) |

soldado (m) raso	turai	טוּרַאי (ז)
sargento (m)	samal	סַמָּל (ז)
tenente (m)	'segen	סֶגֶן (ז)
capitão (m)	'seren	סֶרֶן (ז)
major (m)	rav 'seren	רַב־סֶרֶן (ז)
coronel (m)	aluf miʃne	אַלּוּף מִשְׁנֶה (ז)
general (m)	aluf	אַלּוּף (ז)

marujo (m)	yamai	יַמַּאי (ז)
capitão (m)	rav χovel	רַב־חוֹבֵל (ז)
contramestre (m)	rav malaχim	רַב־מַלָּחִים (ז)

artilheiro (m)	totχan	תּוֹתְחָן (ז)
soldado (m) paraquedista	tsanχan	צַנְחָן (ז)
piloto (m)	tayas	טַיָּס (ז)
navegador (m)	navat	נַוָּט (ז)
mecânico (m)	meχonai	מְכוֹנַאי (ז)

sapador (m)	χablan	חַבְּלָן (ז)
paraquedista (m)	tsanχan	צַנְחָן (ז)
explorador (m)	iʃ modi'in kravi	אִישׁ מוֹדִיעִין קְרָבִי (ז)
franco-atirador (m)	tsalaf	צַלָּף (ז)
patrulha (f)	siyur	סִיּוּר (ז)
patrulhar (vt)	lefatrel	לְפַטְרֵל
sentinela (f)	zakif	זָקִיף (ז)

guerreiro (m)	loχem	לוֹחֵם (ז)
patriota (m)	patriyot	פַּטְרִיוֹט (ז)
herói (m)	gibor	גִּבּוֹר (ז)
heroína (f)	gibora	גִּבּוֹרָה (נ)

traidor (m)	boged	בּוֹגֵד (ז)
trair (vt)	livgod	לִבְגּוֹד
desertor (m)	arik	עָרִיק (ז)
desertar (vt)	la'arok	לַעֲרוֹק

mercenário (m)	sχir 'χerev	שְׂכִיר חֶרֶב (ז)
recruta (m)	tiron	טִירוֹן (ז)
voluntário (m)	mitnadev	מִתְנַדֵּב (ז)

morto (m)	harug	הָרוּג (ז)
ferido (m)	pa'tsu'a	פָּצוּעַ (ז)
prisioneiro (m) de guerra	ʃavui	שָׁבוּי (ז)

112. Guerra. Ações militares. Parte 1

| guerra (f) | milχama | מִלְחָמָה (נ) |
| guerrear (vt) | lehilaχem | לְהִילָּחֵם |

guerra (f) civil	mil'xemet ezraxim	מִלְחֶמֶת אֶזְרָחִים (נ)
perfidamente	bogdani	בּוֹגְדָנִי
declaração (f) de guerra	haxrazat milxama	הַכְרָזַת מִלְחָמָה (נ)
declarar (vt) guerra	lehaxriz	לְהַכְרִיז
agressão (f)	tokfanut	תּוֹקְפָנוּת (נ)
atacar (vt)	litkof	לִתְקוֹף
invadir (vt)	lixboʃ	לִכְבּוֹשׁ
invasor (m)	koveʃ	כּוֹבֵשׁ (ז)
conquistador (m)	koveʃ	כּוֹבֵשׁ (ז)
defesa (f)	hagana	הֲגָנָה (נ)
defender (vt)	lehagen al	לְהָגֵן עַל
defender-se (vr)	lehitgonen	לְהִתְגּוֹנֵן
inimigo (m)	oyev	אוֹיֵב (ז)
adversário (m)	yariv	יָרִיב (ז)
inimigo	ʃel oyev	שֶׁל אוֹיֵב
estratégia (f)	astra'tegya	אַסְטְרָטֶגְיָה (נ)
tática (f)	'taktika	טַקְטִיקָה (נ)
ordem (f)	pkuda	פְּקוּדָה (נ)
comando (m)	pkuda	פְּקוּדָה (נ)
ordenar (vt)	lifkod	לִפְקוֹד
missão (f)	mesima	מְשִׂימָה (נ)
secreto	sodi	סוֹדִי
batalha (f)	ma'araxa	מַעֲרָכָה (נ)
combate (m)	krav	קְרָב (ז)
ataque (m)	hatkafa	הַתְקָפָה (נ)
assalto (m)	hista'arut	הִסְתַּעֲרוּת (נ)
assaltar (vt)	lehista'er	לְהִסְתַּעֵר
assédio, sítio (m)	matsor	מָצוֹר (ז)
ofensiva (f)	mitkafa	מִתְקָפָה (נ)
passar à ofensiva	latset lemitkafa	לָצֵאת לְמִתְקָפָה
retirada (f)	nesiga	נְסִיגָה (נ)
retirar-se (vr)	la'seget	לָסֶגֶת
cerco (m)	kitur	כִּיתּוּר (ז)
cercar (vt)	lexater	לְכַתֵּר
bombardeio (m)	haftsatsa	הַפְצָצָה (נ)
lançar uma bomba	lehatil ptsatsa	לְהַטִיל פְּצָצָה
bombardear (vt)	lehaftsits	לְהַפְצִיץ
explosão (f)	pitsuts	פִּיצוּץ (ז)
tiro (m)	yeriya	יְרִיָּה (נ)
disparar um tiro	lirot	לִירוֹת
tiroteio (m)	'yeri	יְרִי (ז)
apontar para …	lexaven 'neʃek	לְכַוֵּון נֶשֶׁק
apontar (vt)	lexaven	לְכַוֵּון

acertar (vt)	lik'lo'a	לקלוע
afundar (um navio)	lehat'bi'a	לְהַטבִּיעַ
brecha (f)	pirtsa	פִּרצָה (נ)
afundar-se (vr)	lit'bo'a	לטבוע
frente (m)	χazit	חָזִית (נ)
evacuação (f)	pinui	פִּינוּי (ז)
evacuar (vt)	lefanot	לְפַנוֹת
trincheira (f)	te'ala	תְעָלָה (נ)
arame (m) farpado	'tayil dokrani	תַּיִל דוֹקרָנִי (ז)
obstáculo (m) anticarro	maχsom	מַחסוֹם (ז)
torre (f) de vigia	migdal ʃmira	מִגדַל שמִירָה (ז)
hospital (m)	beit χolim tsva'i	בֵּית חוֹלִים צבָאִי (ז)
ferir (vt)	lif'tso'a	לִפצוֹעַ
ferida (f)	'petsa	פֶּצַע (ז)
ferido (m)	pa'tsu'a	פָּצוּעַ (ז)
ficar ferido	lehipatsa	לְהִיפָּצַע
grave (ferida ~)	kaʃe	קָשֶׁה

113. Guerra. Ações militares. Parte 2

cativeiro (m)	'ʃevi	שֶׁבִי (ז)
capturar (vt)	la'kaχat be'ʃevi	לָקַחַת בְּשֶׁבִי
estar em cativeiro	lihyot be'ʃevi	לִהיוֹת בְּשֶׁבִי
ser aprisionado	lipol be'ʃevi	לִיפּוֹל בְּשֶׁבִי
campo (m) de concentração	maχane rikuz	מַחֲנֶה רִיכּוּז (ז)
prisioneiro (m) de guerra	ʃavui	שָׁבוּי (ז)
escapar (vi)	liv'roaχ	לִברוֹחַ
trair (vt)	livgod	לִבגוֹד
traidor (m)	boged	בּוֹגֵד (ז)
traição (f)	bgida	בּגִידָה (נ)
fuzilar, executar (vt)	lehotsi la'horeg	לְהוֹצִיא לַהוֹרֵג
fuzilamento (m)	hotsa'a le'horeg	הוֹצָאָה לְהוֹרֵג (נ)
equipamento (m)	tsiyud	צִיוּד (ז)
platina (f)	ko'tefet	כּוֹתֶפֶת (נ)
máscara (f) antigás	maseχat 'abaχ	מַסֵיכַת אַבַ"ך (נ)
rádio (m)	maχʃir 'keʃer	מַכשִׁיר קֶשֶׁר (ז)
cifra (f), código (m)	'tsofen	צוֹפֶן (ז)
conspiração (f)	χaʃa'iut	חֲשָׁאִיוּת (נ)
senha (f)	sisma	סִיסמָה (נ)
mina (f)	mokeʃ	מוֹקֵשׁ (ז)
minar (vt)	lemakeʃ	לְמַקֵשׁ
campo (m) minado	sde mokʃim	שׂדֵה מוֹקשִׁים (ז)
alarme (m) aéreo	az'aka	אַזעָקָה (נ)
alarme (m)	az'aka	אַזעָקָה (נ)

sinal (m)	ot	אוֹת (ז)
sinalizador (m)	zikuk az'aka	זִיקוּק אַזְעָקָה (ז)
estado-maior (m)	mifkada	מִפְקָדָה (נ)
reconhecimento (m)	isuf modi'in	אִיסוּף מוֹדִיעִין (ז)
situação (f)	matsav	מַצָּב (ז)
relatório (m)	dox	דוֹח (ז)
emboscada (f)	ma'arav	מַאֲרָב (ז)
reforço (m)	tig'boret	תִגְבּוֹרֶת (נ)
alvo (m)	matara	מַטָרָה (נ)
campo (m) de tiro	sde imunim	שְׂדֵה אִימוּנִים (ז)
manobras (f pl)	timronim	תִמְרוֹנִים (ז״ר)
pânico (m)	behala	בֶּהָלָה (נ)
devastação (f)	'heres	הֶרֶס (ז)
ruínas (f pl)	harisot	הֲרִיסוֹת (נ״ר)
destruir (vt)	laharos	לַהֲרֹס
sobreviver (vi)	lisrod	לִשְׂרֹד
desarmar (vt)	lifrok mi'nefek	לִפְרֹק מֶנֶשֶׁק
manusear (vt)	lehiftamef be...	לְהִשְׁתַמֵש בְּ...
Firmes!	amod dom!	עֲמֹד דוֹם!
Descansar!	amod 'noax!	עֲמֹד נוֹחַ!
façanha (f)	ma'ase gvura	מַעֲשֵׂה גְבוּרָה (ז)
juramento (m)	fvu'a	שְׁבוּעָה (נ)
jurar (vi)	lehifava	לְהִישָׁבַע
condecoração (f)	itur	עִיטוּר (ז)
condecorar (vt)	leha'anik	לְהַעֲנִיק
medalha (f)	me'dalya	מֶדַלְיָה (נ)
ordem (f)	ot hitstainut	אוֹת הִצְטַיְינוּת (ז)
vitória (f)	nitsaxon	נִיצָחוֹן (ז)
derrota (f)	tvusa	תְבוּסָה (נ)
armistício (m)	hafsakat ef	הַפְסָקַת אֵש (נ)
bandeira (f)	'degel	דֶגֶל (ז)
glória (f)	tehila	תְהִילָה (נ)
desfile (m) militar	mits'ad	מִצְעָד (ז)
marchar (vi)	lits'od	לִצְעוֹד

114. Armas

arma (f)	'nefek	נֶשֶׁק (ז)
arma (f) de fogo	'nefek xam	נֶשֶׁק חַם (ז)
arma (f) branca	'nefek kar	נֶשֶׁק קַר (ז)
arma (f) química	'nefek 'ximi	נֶשֶׁק כִימִי (ז)
nuclear	gar'ini	גַרְעִינִי
arma (f) nuclear	'nefek gar'ini	נֶשֶׁק גַרְעִינִי (ז)
bomba (f)	ptsatsa	פְצָצָה (נ)

Português	Transliteração	Hebraico
bomba (f) atómica	ptsatsa a'tomit	פְּצָצָה אֲטוֹמִית (נ)
pistola (f)	ekdaχ	אֶקְדָּח (ז)
caçadeira (f)	rove	רוֹבֶה (ז)
pistola-metralhadora (f)	tat mak'le'a	תַּת־מַקְלֵעַ (ז)
metralhadora (f)	mak'le'a	מַקְלֵעַ (ז)
boca (f)	kane	קָנֶה (ז)
cano (m)	kane	קָנֶה (ז)
calibre (m)	ka'liber	קָלִיבֶּר (ז)
gatilho (m)	'hedek	הֶדֶק (ז)
mira (f)	ka'venet	כַּוֶּנֶת (נ)
carregador (m)	maχsanit	מַחְסָנִית (נ)
coronha (f)	kat	קַת (נ)
granada (f) de mão	rimon	רִימוֹן (ז)
explosivo (m)	'χomer 'nefets	חוֹמֶר נֶפֶץ (ז)
bala (f)	ka'li'a	קָלִיעַ (ז)
cartucho (m)	kadur	כַּדּוּר (ז)
carga (f)	te'ina	טְעִינָה (נ)
munições (f pl)	taχ'moʃet	תַּחְמוֹשֶׁת (נ)
bombardeiro (m)	maftsits	מַפְצִיץ (ז)
avião (m) de caça	metos krav	מְטוֹס קְרָב (ז)
helicóptero (m)	masok	מָסוֹק (ז)
canhão (m) antiaéreo	totaχ 'neged metosim	תּוֹתָח נֶגֶד מְטוֹסִים (ז)
tanque (m)	tank	טַנְק (ז)
canhão (de um tanque)	totaχ	תּוֹתָח (ז)
artilharia (f)	arti'lerya	אַרְטִילֶרְיָה (נ)
canhão (m)	totaχ	תּוֹתָח (ז)
fazer a pontaria	leχaven	לְכַוֵּון
obus (m)	pagaz	פָּגָז (ז)
granada (f) de morteiro	ptsatsat margema	פְּצָצַת מַרְגֵּמָה (נ)
morteiro (m)	margema	מַרְגֵּמָה (נ)
estilhaço (m)	resis	רְסִיס (ז)
submarino (m)	tso'lelet	צוֹלֶלֶת (נ)
torpedo (m)	tor'pedo	טוֹרְפֶּדוֹ (ז)
míssil (m)	til	טִיל (ז)
carregar (uma arma)	lit'on	לִטְעוֹן
atirar, disparar (vi)	lirot	לִירוֹת
apontar para …	leχaven	לְכַוֵּון
baioneta (f)	kidon	כִּידוֹן (ז)
espada (f)	'χerev	חֶרֶב (נ)
sabre (m)	'χerev paraʃim	חֶרֶב פָּרָשִׁים (ז)
lança (f)	χanit	חֲנִית (נ)
arco (m)	'keʃet	קֶשֶׁת (נ)
flecha (f)	χets	חֵץ (ז)
mosquete (m)	musket	מוּסְקֵט (ז)
besta (f)	'keʃet metsu'levet	קֶשֶׁת מְצוּלֶבֶת (נ)

115. Povos da antiguidade

Português	Transliteração	Hebraico
primitivo	kadmon	קַדמוֹן
pré-histórico	prehis'tori	פְּרֶהִיסטוֹרִי
antigo	atik	עַתִיק
Idade (f) da Pedra	idan ha''even	עִידָן הָאֶבֶן (ז)
Idade (f) do Bronze	idan ha'arad	עִידָן הָאֲרָד (ז)
período (m) glacial	idan ha'keraχ	עִידָן הַקֶּרַח (ז)
tribo (f)	'ʃevet	שֵׁבֶט (ז)
canibal (m)	oχel adam	אוֹכֵל אָדָם (ז)
caçador (m)	tsayad	צַיָּד (ז)
caçar (vi)	latsud	לָצוּד
mamute (m)	ma'muta	מָמוּטָה (נ)
caverna (f)	me'ara	מְעָרָה (נ)
fogo (m)	eʃ	אֵשׁ (נ)
fogueira (f)	medura	מְדוּרָה (נ)
pintura (f) rupestre	pet'roglif	פֶּטרוֹגלִיף (ז)
ferramenta (f)	kli	כּלִי (ז)
lança (f)	χanit	חֲנִית (נ)
machado (m) de pedra	garzen ha'even	גַרזֶן הָאֶבֶן (ז)
guerrear (vt)	lehilaχem	לְהִילָחֵם
domesticar (vt)	levayet	לְבַיֵּית
ídolo (m)	'pesel	פֶּסֶל (ז)
adorar, venerar (vt)	la'avod et	לַעֲבוֹד אֶת
superstição (f)	emuna tfela	אֱמוּנָה תּפֵלָה (נ)
ritual (m)	'tekes	טֶקֶס (ז)
evolução (f)	evo'lutsya	אֲבוֹלוּצִיָה (נ)
desenvolvimento (m)	hitpatχut	הִתפַּתחוּת (נ)
desaparecimento (m)	he'almut	הֵיעָלמוּת (נ)
adaptar-se (vr)	lehistagel	לְהִסתַּגֵל
arqueologia (f)	arχe'o'logya	אַרכֵיאוֹלוֹגיָה (נ)
arqueólogo (m)	arχe'olog	אַרכֵיאוֹלוֹג (ז)
arqueológico	arχe'o'logi	אַרכֵיאוֹלוֹגִי
local (m) das escavações	atar χafirot	אֲתַר חֲפִירוֹת (ז)
escavações (f pl)	χafirot	חֲפִירוֹת (נ״ר)
achado (m)	mimtsa	מִמצָא (ז)
fragmento (m)	resis	רְסִיס (ז)

116. Idade média

Português	Transliteração	Hebraico
povo (m)	am	עַם (ז)
povos (m pl)	amim	עַמִּים (ז״ר)
tribo (f)	'ʃevet	שֵׁבֶט (ז)
tribos (f pl)	ʃvatim	שׁבָטִים (ז״ר)
bárbaros (m pl)	bar'barim	בַּרבָּרִים (ז״ר)

gauleses (m pl)	'galim	גָּאלִים (ז"ר)
godos (m pl)	'gotim	גּוֹתִים (ז"ר)
eslavos (m pl)	'slavim	סלָאבִים (ז"ר)
víquingues (m pl)	'vikingim	וִיקִינגִים (ז"ר)
romanos (m pl)	roma'im	רוֹמָאִים (ז"ר)
romano	'romi	רוֹמִי
bizantinos (m pl)	bi'zantim	בִּיזַנטִים (ז"ר)
Bizâncio	bizantion, bizants	בִּיזַנטִיוֹן, בִּיזַנץ (נ)
bizantino	bi'zanti	בִּיזַנטִי
imperador (m)	keisar	קֵיסָר (ז)
líder (m)	manhig	מַנהִיג (ז)
poderoso	rav 'koax	רַב־כּוֹחַ
rei (m)	'melex	מֶלֶךְ (ז)
governante (m)	ʃalit	שַׁלִּיט (ז)
cavaleiro (m)	abir	אַבִּיר (ז)
senhor feudal (m)	fe'odal	פֵיאוֹדָל (ז)
feudal	fe'o'dali	פֵיאוֹדָלִי
vassalo (m)	vasal	וַסָל (ז)
duque (m)	dukas	דּוּכָּס (ז)
conde (m)	rozen	רוֹזֵן (ז)
barão (m)	baron	בָּרוֹן (ז)
bispo (m)	'biʃof	בִּישׁוֹף (ז)
armadura (f)	ʃiryon	שִׁריוֹן (ז)
escudo (m)	magen	מָגֵן (ז)
espada (f)	'xerev	חֶרֶב (נ)
viseira (f)	magen panim	מָגֵן פָּנִים (ז)
cota (f) de malha	ʃiryon kaskasim	שִׁריוֹן קַשׂקַשִׂים (ז)
cruzada (f)	masa tslav	מַסַע צלָב (ז)
cruzado (m)	tsalban	צַלבָּן (ז)
território (m)	'ʃetax	שֶׁטַח (ז)
atacar (vt)	litkof	לִתקוֹף
conquistar (vt)	lixboʃ	לִכבּוֹשׁ
ocupar, invadir (vt)	lehiʃtalet	לְהִשׁתַּלֵּט
assédio, sítio (m)	matsor	מָצוֹר (ז)
sitiado	natsur	נָצוּר
assediar, sitiar (vt)	latsur	לָצוּר
inquisição (f)	inkvi'zitsya	אִינקווִיזִיציָה (נ)
inquisidor (m)	inkvi'zitor	אִינקווִיזִיטוֹר (ז)
tortura (f)	inui	עִינוּי (ז)
cruel	axzari	אַכזָרִי
herege (m)	kofer	כּוֹפֵר (ז)
heresia (f)	kfira	כּפִירָה (נ)
navegação (f) marítima	haflaga bayam	הַפלָגָה בַּיָּם (נ)
pirata (m)	ʃoded yam	שׁוֹדֵד יָם (ז)
pirataria (f)	pi'ratiyut	פִּירָטִיּוּת (נ)

abordagem (f)	la'alot al	לַעֲלוֹת עַל
presa (f), butim (m)	ʃalal	שָׁלָל (ז)
tesouros (m pl)	otsarot	אוֹצָרוֹת (ז"ר)
descobrimento (m)	taglit	תַגלִית (נ)
descobrir (novas terras)	legalot	לְגַלוֹת
expedição (f)	miʃlaxat	מִשלַחַת (נ)
mosqueteiro (m)	musketer	מוּסקֶטֶר (ז)
cardeal (m)	xaʃman	חַשמָן (ז)
heráldica (f)	he'raldika	הֶרַלדִיקָה (נ)
heráldico	he'raldi	הֶרַלדִי

117. Líder. Chefe. Autoridades

rei (m)	'melex	מֶלֶך (ז)
rainha (f)	malka	מַלכָּה (נ)
real	malxuti	מַלכוּתִי
reino (m)	mamlaxa	מַמלָכָה (נ)
príncipe (m)	nasix	נָסִיך (ז)
princesa (f)	nesixa	נְסִיכָה (נ)
presidente (m)	nasi	נָשִׂיא (ז)
vice-presidente (m)	sgan nasi	סגַן נָשִׂיא (ז)
senador (m)	se'nator	סֶנָאטוֹר (ז)
monarca (m)	'melex	מֶלֶך (ז)
governante (m)	ʃalit	שַלִיט (ז)
ditador (m)	rodan	רוֹדָן (ז)
tirano (m)	aruts	עָרוּץ (ז)
magnata (m)	eil hon	אֵיל הוֹן (ז)
diretor (m)	menahel	מְנַהֵל (ז)
chefe (m)	menahel, roʃ	מְנַהֵל (ז), רֹאש (ז)
dirigente (m)	menahel	מְנַהֵל (ז)
patrão (m)	bos	בּוֹס (ז)
dono (m)	'ba'al	בַּעַל (ז)
líder, chefe (m)	manhig	מַנהִיג (ז)
chefe (~ de delegação)	roʃ	רֹאש (ז)
autoridades (f pl)	ʃiltonot	שִלטוֹנוֹת (ז"ר)
superiores (m pl)	memunim	מְמוּנִים (ז"ר)
governador (m)	moʃel	מוֹשֵל (ז)
cônsul (m)	'konsul	קוֹנסוּל (ז)
diplomata (m)	diplomat	דִיפּלוֹמָט (ז)
Presidente (m) da Câmara	roʃ ha'ir	רֹאש הָעִיר (ז)
xerife (m)	ʃerif	שֶרִיף (ז)
imperador (m)	keisar	קֵיסָר (ז)
czar (m)	tsar	צָאר (ז)
faraó (m)	par'o	פַּרעֹה (ז)
cã (m)	xan	חָאן (ז)

118. Viloação da lei. Criminosos. Parte 1

bandido (m)	ʃoded	שׁוֹדֵד (ז)
crime (m)	'peʃa	פֶּשַׁע (ז)
criminoso (m)	po'ʃeʻa	פּוֹשֵׁעַ (ז)
ladrão (m)	ganav	גַּנָּב (ז)
roubar (vt)	lignov	לִגְנוֹב
furto, roubo (m)	gneva	גְּנֵיבָה (נ)
raptar (ex. ~ uma criança)	laχatof	לַחֲטוֹף
rapto (m)	χatifa	חֲטִיפָה (נ)
raptor (m)	χotef	חוֹטֵף (ז)
resgate (m)	'kofer	כּוֹפֶר (ז)
pedir resgate	lidroʃ 'kofer	לִדְרוֹשׁ כּוֹפֶר
roubar (vt)	liʃdod	לִשְׁדּוֹד
assalto, roubo (m)	ʃod	שׁוֹד (ז)
assaltante (m)	ʃoded	שׁוֹדֵד (ז)
extorquir (vt)	lisχot	לִסְחוֹט
extorsionário (m)	saχtan	סַחְטָן (ז)
extorsão (f)	saχtanut	סַחְטָנוּת (נ)
matar, assassinar (vt)	lir'tsoaχ	לִרְצוֹחַ
homicídio (m)	'retsaχ	רֶצַח (ז)
homicida, assassino (m)	ro'tseaχ	רוֹצֵחַ (ז)
tiro (m)	yeriya	יְרִיָּה (נ)
dar um tiro	lirot	לִירוֹת
matar a tiro	lirot la'mavet	לִירוֹת לַמָּוֶת
atirar, disparar (vi)	lirot	לִירוֹת
tiroteio (m)	'yeri	יְרִי (ז)
incidente (m)	takrit	תַּקְרִית (נ)
briga (~ de rua)	ktata	קְטָטָה (נ)
Socorro!	ha'tsilu!	הַצִּילוּ!
vítima (f)	nifga	נִפְגָּע (ז)
danificar (vt)	lekalkel	לְקַלְקֵל
dano (m)	'nezek	נֶזֶק (ז)
cadáver (m)	gufa	גּוּפָה (נ)
grave	χamur	חָמוּר
atacar (vt)	litkof	לִתְקוֹף
bater (espancar)	lehakot	לְהַכּוֹת
espancar (vt)	lehakot	לְהַכּוֹת
tirar, roubar (dinheiro)	la'kaχat be'koaχ	לָקַחַת בְּכוֹחַ
esfaquear (vt)	lidkor le'mavet	לִדְקוֹר לְמָוֶת
mutilar (vt)	lehatil mum	לְהַטִּיל מוּם
ferir (vt)	lif'tso'a	לִפְצוֹעַ
chantagem (f)	saχtanut	סַחְטָנוּת (נ)
chantagear (vt)	lisχot	לִסְחוֹט

chantagista (m)	saxtan	סַחְטָן (ז)
extorsão (em troca de proteção)	dmei xasut	דְּמֵי חָסוּת (ז״ר)
extorsionário (m)	gove xasut	גּוֹבֶה חָסוּת (ז)
gângster (m)	'gangster	גַּנְגְסְטֶר (ז)
máfia (f)	'mafya	מַאפְיָה (נ)
carteirista (m)	kayas	כַּיָּס (ז)
assaltante, ladrão (m)	porets	פּוֹרֵץ (ז)
contrabando (m)	havraxa	הַבְרָחָה (נ)
contrabandista (m)	mav'riax	מַבְרִיחַ (ז)
falsificação (f)	ziyuf	זִיּוּף (ז)
falsificar (vt)	lezayef	לְזַיֵּף
falsificado	mezuyaf	מְזוּיָף

119. Viloação da lei. Criminosos. Parte 2

violação (f)	'ones	אוֹנֶס (ז)
violar (vt)	le'enos	לֶאֱנוֹס
violador (m)	anas	אַנָּס (ז)
maníaco (m)	'manyak	מַנְיָאק (ז)
prostituta (f)	zona	זוֹנָה (נ)
prostituição (f)	znut	זְנוּת (נ)
chulo (m)	sarsur	סַרְסוּר (ז)
toxicodependente (m)	narkoman	נַרְקוֹמָן (ז)
traficante (m)	soxer samim	סוֹחֵר סַמִּים (ז)
explodir (vt)	lefotsets	לְפוֹצֵץ
explosão (f)	pitsuts	פִּיצוּץ (ז)
incendiar (vt)	lehatsit	לְהַצִּית
incendiário (m)	matsit	מַצִּית (ז)
terrorismo (m)	terorizm	טֵרוֹרִיזְם (ז)
terrorista (m)	mexabel	מְחַבֵּל (ז)
refém (m)	ben aruba	בֶּן עֲרוּבָּה (ז)
enganar (vt)	lehonot	לְהוֹנוֹת
engano (m)	hona'a	הוֹנָאָה (נ)
vigarista (m)	ramai	רַמַּאי (ז)
subornar (vt)	lefaxed	לְשַׁחֵד
suborno (atividade)	'foxad	שׁוֹחַד (ז)
suborno (dinheiro)	'foxad	שׁוֹחַד (ז)
veneno (m)	'ra'al	רַעַל (ז)
envenenar (vt)	lehar'il	לְהַרְעִיל
envenenar-se (vr)	lehar'il et atsmo	לְהַרְעִיל אֶת עַצְמוֹ
suicídio (m)	hit'abdut	הִתְאַבְּדוּת (נ)
suicida (m)	mit'abed	מִתְאַבֵּד (ז)
ameaçar (vt)	le'ayem	לְאַיֵּם

ameaça (f)	iyum	אִיּוּם (ז)
atentar contra a vida de …	lehitnakeʃ	לְהִתְנַקֵּשׁ
atentado (m)	nisayon hitnakʃut	נִיסָיוֹן הִתְנַקְּשׁוּת (ז)
roubar (o carro)	lignov	לִגְנוֹב
desviar (o avião)	laχatof matos	לַחֲטוֹף מָטוֹס
vingança (f)	nekama	נְקָמָה (נ)
vingar (vt)	linkom	לִנְקוֹם
torturar (vt)	la'anot	לְעַנּוֹת
tortura (f)	inui	עִינּוּי (ז)
atormentar (vt)	leyaser	לְיַיסֵּר
pirata (m)	ʃoded yam	שׁוֹדֵד יָם (ז)
desordeiro (m)	χuligan	חוּלִיגָאן (ז)
armado	mezuyan	מְזוּיָן
violência (f)	alimut	אַלִּימוּת (נ)
ilegal	'bilti le'gali	בִּלְתִּי לֶגָלִי
espionagem (f)	rigul	רִיגּוּל (ז)
espionar (vi)	leragel	לְרַגֵּל

120. Polícia. Lei. Parte 1

justiça (f)	'tsedek	צֶדֶק (ז)
tribunal (m)	beit miʃpat	בֵּית מִשְׁפָּט (ז)
juiz (m)	ʃofet	שׁוֹפֵט (ז)
jurados (m pl)	muʃba'im	מוּשְׁבָּעִים (ז"ר)
tribunal (m) do júri	χaver muʃba'im	חָבֵר מוּשְׁבָּעִים (ז)
julgar (vt)	liʃpot	לִשְׁפּוֹט
advogado (m)	oreχ din	עוֹרֵךְ דִּין (ז)
réu (m)	omed lemiʃpat	עוֹמֵד לְמִשְׁפָּט (ז)
banco (m) dos réus	safsal ne'eʃamim	סַפְסָל נֶאֱשָׁמִים (ז)
acusação (f)	ha'aʃama	הַאֲשָׁמָה (נ)
acusado (m)	ne'eʃam	נֶאֱשָׁם (ז)
sentença (f)	gzar din	גְּזַר דִּין (ז)
sentenciar (vt)	lifsok	לִפְסוֹק
culpado (m)	aʃem	אָשֵׁם (ז)
punir (vt)	leha'aniʃ	לְהַעֲנִישׁ
punição (f)	'oneʃ	עוֹנֶשׁ (ז)
multa (f)	knas	קְנָס (ז)
prisão (f) perpétua	ma'asar olam	מַאֲסַר עוֹלָם (ז)
pena (f) de morte	'oneʃ 'mavet	עוֹנֶשׁ מָוֶת (ז)
cadeira (f) elétrica	kise χaʃmali	כִּיסֵא חַשְׁמַלִּי (ז)
forca (f)	gardom	גַּרְדּוֹם (ז)
executar (vt)	lehotsi la'horeg	לְהוֹצִיא לַהוֹרֵג
execução (f)	hatsa'a le'horeg	הוֹצָאָה לַהוֹרֵג (נ)

prisão (f)	beit 'sohar	בֵּית סוֹהַר (ז)
cela (f) de prisão	ta	תָּא (ז)
escolta (f)	miʃmar livui	מִשְׁמָר לִיוּוּי (ז)
guarda (m) prisional	soher	סוֹהַר (ז)
preso (m)	asir	אָסִיר (ז)
algemas (f pl)	azikim	אֲזִיקִים (ז״ר)
algemar (vt)	lixbol be'azikim	לִכְבּוֹל בָּאֲזִיקִים
fuga, evasão (f)	brixa	בְּרִיחָה (נ)
fugir (vi)	liv'roax	לִבְרוֹחַ
desaparecer (vi)	lehe'alem	לְהֵיעָלֵם
soltar, libertar (vt)	leʃaxrer	לְשַׁחְרֵר
amnistia (f)	xanina	חֲנִינָה (נ)
polícia (instituição)	miʃtara	מִשְׁטָרָה (נ)
polícia (m)	ʃoter	שׁוֹטֵר (ז)
esquadra (f) de polícia	taxanat miʃtara	תַּחֲנַת מִשְׁטָרָה (נ)
cassetete (m)	ala	אַלָּה (נ)
megafone (m)	megafon	מֶגָפוֹן (ז)
carro (m) de patrulha	na'yedet	נַיֶּידֶת (נ)
sirene (f)	tsofar	צוֹפָר (ז)
ligar a sirene	lehaf'il tsofar	לְהַפְעִיל צוֹפָר
toque (m) da sirene	tsfira	צְפִירָה (נ)
cena (f) do crime	zirat 'peʃa	זִירַת פֶּשַׁע (נ)
testemunha (f)	ed	עֵד (ז)
liberdade (f)	'xofeʃ	חוֹפֶשׁ (ז)
cúmplice (m)	ʃutaf	שׁוּתָף (ז)
escapar (vi)	lehixave	לְהֵיחָבֵא
traço (não deixar ~s)	akev	עָקֵב (ז)

121. Polícia. Lei. Parte 2

procura (f)	xipus	חִיפּוּשׂ (ז)
procurar (vt)	lexapes	לְחַפֵּשׂ
suspeita (f)	xaʃad	חָשָׁד (ז)
suspeito	xaʃud	חָשׁוּד
parar (vt)	la'atsor	לַעֲצוֹר
deter (vt)	la'atsor	לַעֲצוֹר
caso (criminal)	tik	תִּיק (ז)
investigação (f)	xakira	חֲקִירָה (נ)
detetive (m)	balaʃ	בַּלָּשׁ (ז)
investigador (m)	xoker	חוֹקֵר (ז)
versão (f)	haʃara	הַשְׁעָרָה (נ)
motivo (m)	me'ni'a	מֵנִיעַ (ז)
interrogatório (m)	xakira	חֲקִירָה (נ)
interrogar (vt)	laxkor	לַחְקוֹר
questionar (vt)	letaʃ'el	לְתַשְׁאֵל
verificação (f)	bdika	בְּדִיקָה (נ)

Português	Transliteração	Hebraico
batida (f) policial	matsod	מָצוֹד (ז)
busca (f)	χipus	חִיפּוּשׂ (ז)
perseguição (f)	mirdaf	מִרְדָף (ז)
perseguir (vt)	lirdof aχarei	לִרְדוֹף אַחֲרֵי
seguir (vt)	la'akov aχarei	לַעֲקוֹב אַחֲרֵי
prisão (f)	ma'asar	מַאֲסָר (ז)
prender (vt)	le'esor	לֶאֱסוֹר
pegar, capturar (vt)	lilkod	לִלְכּוֹד
captura (f)	leχida	לְכִידָה (נ)
documento (m)	mismaχ	מִסְמָךְ (ז)
prova (f)	hoχaχa	הוֹכָחָה (נ)
provar (vt)	leho'χiaχ	לְהוֹכִיחַ
pegada (f)	akev	עָקֵב (ז)
impressões (f pl) digitais	tvi'ot etsba'ot	טְבִיעוֹת אֶצְבָּעוֹת (נ"ר)
prova (f)	re'aya	רְאָיָה (נ)
álibi (m)	'alibi	אָלִיבִּי (ז)
inocente	χaf mi'peʃa	חַף מִפֶּשַׁע
injustiça (f)	i 'tsedek	אִי צֶדֶק (ז)
injusto	lo tsodek	לֹא צוֹדֵק
criminal	plili	פְּלִילִי
confiscar (vt)	lehaχrim	לְהַחְרִים
droga (f)	sam	סַם (ז)
arma (f)	'neʃek	נֶשֶׁק (ז)
desarmar (vt)	lifrok mi'neʃek	לִפְרוֹק מִנֶּשֶׁק
ordenar (vt)	lifkod	לִפְקוֹד
desaparecer (vi)	lehe'alem	לְהֵיעָלֵם
lei (f)	χok	חוֹק (ז)
legal	χuki	חוּקִי
ilegal	'bilti χuki	בִּלְתִי חוּקִי
responsabilidade (f)	aχrayut	אַחְרָיוּת (נ)
responsável	aχrai	אַחְרַאי

NATUREZA

A Terra. Parte 1

122. Espaço sideral

cosmos (m)	χalal	חָלָל (ז)
cósmico	ʃel χalal	שֶׁל חָלָל
espaço (m) cósmico	χalal χitson	חָלָל חִיצוֹן (ז)
mundo (m)	olam	עוֹלָם (ז)
universo (m)	yekum	יְקוּם (ז)
galáxia (f)	ga'laksya	גָלַקְסיָה (נ)
estrela (f)	koχav	כּוֹכָב (ז)
constelação (f)	tsvir koχavim	צבִיר כּוֹכָבִים (ז)
planeta (m)	koχav 'leχet	כּוֹכָב לֶכֶת (ז)
satélite (m)	lavyan	לַוויָן (ז)
meteorito (m)	mete'orit	מֶטֵאוֹרִיט (ז)
cometa (m)	koχav ʃavit	כּוֹכָב שָׁבִיט (ז)
asteroide (m)	aste'ro'id	אַסטֵרוֹאִיד (ז)
órbita (f)	maslul	מַסלוּל (ז)
girar (vi)	lesovev	לסוֹבֵב
atmosfera (f)	atmos'fera	אַטמוֹספֶרָה (נ)
Sol (m)	'ʃemeʃ	שֶׁמֶשׁ (נ)
Sistema (m) Solar	ma'a'reχet ha'ʃemeʃ	מַעֲרֶכֶת הַשֶׁמֶשׁ (נ)
eclipse (m) solar	likui χama	לִיקוּי חַמָה (ז)
Terra (f)	kadur ha"arets	כַּדוּר הָאָרֶץ (ז)
Lua (f)	ya'reaχ	יָרֵחַ (ז)
Marte (m)	ma'adim	מַאֲדִים (ז)
Vénus (f)	'noga	נוֹגַה (ז)
Júpiter (m)	'tsedek	צֶדֶק (ז)
Saturno (m)	ʃabtai	שַׁבּתַאי (ז)
Mercúrio (m)	koχav χama	כּוֹכָב חַמָה (ז)
Urano (m)	u'ranus	אוּרָנוּס (ז)
Neptuno (m)	neptun	נֶפּטוּן (ז)
Plutão (m)	'pluto	פּלוּטוֹ (ז)
Via Láctea (f)	ʃvil haχalav	שׁבִיל הֶחָלָב (ז)
Ursa Maior (f)	duba gdola	דוּבָּה גדוֹלָה (נ)
Estrela Polar (f)	koχav hatsafon	כּוֹכָב הַצָפוֹן (ז)
marciano (m)	toʃav ma'adim	תוֹשָׁב מַאֲדִים (ז)
extraterrestre (m)	χutsan	חוּצָן (ז)

Português	Transliteração	Hebraico
alienígena (m)	χaizar	חַיְזָר (ז)
disco (m) voador	tsa'laχat me'o'fefet	צַלַחַת מְעוֹפֶפֶת (נ)
nave (f) espacial	χalalit	חֲלָלִית (נ)
estação (f) orbital	taχanat χalal	תַחֲנַת חָלָל (נ)
lançamento (m)	hamra'a	הַמְרָאָה (נ)
motor (m)	ma'no'a	מָנוֹעַ (ז)
bocal (m)	neχir	נְחִיר (ז)
combustível (m)	'delek	דֶלֶק (ז)
cabine (f)	'kokpit	קוֹקפִּיט (ז)
antena (f)	an'tena	אַנטֶנָה (נ)
vigia (f)	eʃnav	אֶשׁנָב (ז)
bateria (f) solar	'luaχ so'lari	לוּחַ סוֹלָרִי (ז)
traje (m) espacial	χalifat χalal	חֲלִיפַת חָלָל (נ)
imponderabilidade (f)	'χoser miʃkal	חוֹסֶר מִשׁקָל (ז)
oxigénio (m)	χamtsan	חַמצָן (ז)
acoplagem (f)	agina	עֲגִינָה (נ)
fazer uma acoplagem	la'agon	לַעֲגוֹן
observatório (m)	mitspe koχavim	מִצפֵּה כּוֹכָבִים (ז)
telescópio (m)	teleskop	טֶלֶסקוֹפּ (ז)
observar (vt)	litspot, lehaʃkif	לִצפּוֹת, לְהַשׁקִיף
explorar (vt)	laχkor	לַחקוֹר

123. A Terra

Português	Transliteração	Hebraico
Terra (f)	kadur ha''arets	כַּדוּר הָאָרֶץ (ז)
globo terrestre (Terra)	kadur ha''arets	כַּדוּר הָאָרֶץ (ז)
planeta (m)	koχav 'leχet	כּוֹכַב לֶכֶת (ז)
atmosfera (f)	atmos'fera	אַטמוֹספֶרָה (נ)
geografia (f)	ge'o'grafya	גִיאוֹגרַפיָה (נ)
natureza (f)	'teva	טֶבַע (ז)
globo (mapa esférico)	'globus	גלוֹבּוּס (ז)
mapa (m)	mapa	מַפָּה (נ)
atlas (m)	'atlas	אַטלָס (ז)
Europa (f)	ei'ropa	אֵירוֹפָּה (נ)
Ásia (f)	'asya	אַסיָה (נ)
África (f)	'afrika	אַפרִיקָה (נ)
Austrália (f)	ost'ralya	אוֹסטרַליָה (נ)
América (f)	a'merika	אָמֶרִיקָה (נ)
América (f) do Norte	a'merika hatsfonit	אָמֶרִיקָה הַצפוֹנִית (נ)
América (f) do Sul	a'merika hadromit	אָמֶרִיקָה הַדרוֹמִית (נ)
Antártida (f)	ya'beʃet an'tarktika	יַבֶּשֶׁת אַנטָארקטִיקָה (נ)
Ártico (m)	'arktika	אַרקטִיקָה (נ)

124. Pontos cardeais

norte (m)	tsafon	צָפוֹן (ז)
para norte	tsa'fona	צָפוֹנָה
no norte	batsafon	בַּצָפוֹן
do norte	tsfoni	צפוֹנִי
sul (m)	darom	דָרוֹם (ז)
para sul	da'roma	דָרוֹמָה
no sul	badarom	בַּדָרוֹם
do sul	dromi	דרוֹמִי
oeste, ocidente (m)	maʻarav	מַעֲרָב (ז)
para oeste	ma'a'rava	מַעֲרָבָה
no oeste	bamaʻarav	בַּמַעֲרָב
ocidental	maʻaravi	מַעֲרָבִי
leste, oriente (m)	mizrax	מִזרָח (ז)
para leste	miz'raxa	מִזרָחָה
no leste	bamizrax	בַּמִזרָח
oriental	mizraxi	מִזרָחִי

125. Mar. Oceano

mar (m)	yam	יָם (ז)
oceano (m)	ok'yanos	אוֹקיָאנוֹס (ז)
golfo (m)	mifrats	מִפרָץ (ז)
estreito (m)	meitsar	מֵיצָר (ז)
terra (f) firme	yabaʃa	יַבָּשָׁה (נ)
continente (m)	ya'beʃet	יַבֶּשֶׁת (נ)
ilha (f)	i	אִי (ז)
península (f)	xatsi i	חֲצִי אִי (ז)
arquipélago (m)	arxipelag	אַרכִיפֶּלָג (ז)
baía (f)	mifrats	מִפרָץ (ז)
porto (m)	namal	נָמָל (ז)
lagoa (f)	la'guna	לָגוּנָה (נ)
cabo (m)	kef	כֵּף (ז)
atol (m)	atol	אָטוֹל (ז)
recife (m)	ʃunit	שוּנִית (נ)
coral (m)	almog	אַלמוֹג (ז)
recife (m) de coral	ʃunit almogim	שוּנִית אַלמוֹגִים (נ)
profundo	amok	עָמוֹק
profundidade (f)	'omek	עוֹמֶק (ז)
abismo (m)	tehom	תְהוֹם (נ)
fossa (f) oceânica	maxteʃ	מַכתֵשׁ (ז)
corrente (f)	'zerem	זֶרֶם (ז)
banhar (vt)	lehakif	לְהַקִיף
litoral (m)	xof	חוֹף (ז)

costa (f)	xof yam	חוֹף יָם (ז)
maré (f) alta	ge'ut	גְּאוּת (נ)
refluxo (m), maré (f) baixa	'ʃefel	שֶׁפֶל (ז)
restinga (f)	sirton	שִׂרְטוֹן (ז)
fundo (m)	karka'it	קַרְקָעִית (נ)
onda (f)	gal	גַּל (ז)
crista (f) da onda	pisgat hagal	פִּסְגַּת הַגַּל (נ)
espuma (f)	'ketsef	קֶצֶף (ז)
tempestade (f)	sufa	סוּפָה (נ)
furacão (m)	hurikan	הוּרִיקָן (ז)
tsunami (m)	tsu'nami	צוּנָאמִי (ז)
calmaria (f)	'roga	רוֹגַע (ז)
calmo	ʃalev	שָׁלֵו
polo (m)	'kotev	קוֹטֶב (ז)
polar	kotbi	קוֹטְבִּי
latitude (f)	kav 'roxav	קַו רוֹחַב (ז)
longitude (f)	kav 'orex	קַו אוֹרֶךְ (ז)
paralela (f)	kav 'roxav	קַו רוֹחַב (ז)
equador (m)	kav hamaʃve	קַו הַמַּשְׁוֶה (ז)
céu (m)	ʃa'mayim	שָׁמַיִם (ז"ר)
horizonte (m)	'ofek	אוֹפֶק (ז)
ar (m)	avir	אֲוִיר (ז)
farol (m)	migdalor	מִגְדַּלּוֹר (ז)
mergulhar (vi)	litslol	לִצְלֹל
afundar-se (vr)	lit'bo‘a	לִטְבּוֹעַ
tesouros (m pl)	otsarot	אוֹצָרוֹת (ז"ר)

126. Nomes de Mares e Oceanos

Oceano (m) Atlântico	ha'ok'yanus ha'at'lanti	הָאוֹקְיָינוֹס הָאַטְלַנְטִי (ז)
Oceano (m) Índico	ha'ok'yanus ha'hodi	הָאוֹקְיָינוֹס הַהוֹדִי (ז)
Oceano (m) Pacífico	ha'ok'yanus haʃaket	הָאוֹקְיָינוֹס הַשָּׁקֵט (ז)
Oceano (m) Ártico	ok'yanos ha'kerax hatsfoni	אוֹקְיָינוֹס הַקֶּרַח הַצְּפוֹנִי (ז)
Mar (m) Negro	hayam haʃaxor	הַיָּם הַשָּׁחוֹר (ז)
Mar (m) Vermelho	yam suf	יַם סוּף (ז)
Mar (m) Amarelo	hayam hatsahov	הַיָּם הַצָּהוֹב (ז)
Mar (m) Branco	hayam halavan	הַיָּם הַלָּבָן (ז)
Mar (m) Cáspio	hayam ha'kaspi	הַיָּם הַכַּסְפִּי (ז)
Mar (m) Morto	yam ha'melax	יַם הַמֶּלַח (ז)
Mar (m) Mediterrâneo	hayam hatixon	הַיָּם הַתִּיכוֹן (ז)
Mar (m) Egeu	hayam ha'e'ge'i	הַיָּם הָאָגָאִי (ז)
Mar (m) Adriático	hayam ha'adri'yati	הַיָּם הָאַדְרִיָיאתִי (ז)
Mar (m) Arábico	hayam ha‘aravi	הַיָּם הָעֲרָבִי (ז)
Mar (m) do Japão	hayam haya'pani	הַיָּם הַיַּפָּנִי (ז)

Mar (m) de Bering	yam 'bering	יָם בֶּרִינג (ז)
Mar (m) da China Meridional	yam sin hadromi	יָם סִין הַדְרוֹמִי (ז)
Mar (m) de Coral	yam ha'almogim	יָם הָאַלְמוֹגִים (ז)
Mar (m) de Tasman	yam tasman	יָם טַסְמַן (ז)
Mar (m) do Caribe	hayam haka'ribi	הַיָּם הַקָּרִיבִּי (ז)
Mar (m) de Barents	yam 'barents	ים בָּרֶנץ (ז)
Mar (m) de Kara	yam 'kara	יָם קָארָה (ז)
Mar (m) do Norte	hayam hatsfoni	הַיָּם הַצְּפוֹנִי (ז)
Mar (m) Báltico	hayam ha'balti	הַיָּם הַבַּלְטִי (ז)
Mar (m) da Noruega	hayam hanor'vegi	הַיָּם הַנּוֹרְבֶּגִי (ז)

127. Montanhas

montanha (f)	har	הַר (ז)
cordilheira (f)	'rexes harim	רֶכֶס הָרִים (ז)
serra (f)	'rexes har	רֶכֶס הַר (ז)
cume (m)	pisga	פִּסְגָּה (נ)
pico (m)	pisga	פִּסְגָּה (נ)
sopé (m)	margelot	מַרְגְּלוֹת (נ"ר)
declive (m)	midron	מִדְרוֹן (ז)
vulcão (m)	har 'ga'aʃ	הַר גַּעַשׁ (ז)
vulcão (m) ativo	har 'ga'aʃ pa'il	הַר גַּעַשׁ פָּעִיל (ז)
vulcão (m) extinto	har 'ga'aʃ radum	הַר גַּעַשׁ רָדוּם (ז)
erupção (f)	hitpartsut	הִתְפָּרְצוּת (נ)
cratera (f)	lo'a	לוֹעַ (ז)
magma (m)	megama	מָגְמָה (נ)
lava (f)	'lava	לָאבָה (נ)
fundido (lava ~a)	lohet	לוֹהֵט
desfiladeiro (m)	kanyon	קַנְיוֹן (ז)
garganta (f)	gai	גַּיְא (ז)
fenda (f)	'beka	בֶּקַע (ז)
precipício (m)	tehom	תְּהוֹם (נ)
passo, colo (m)	ma'avar harim	מַעֲבַר הָרִים (ז)
planalto (m)	rama	רָמָה (נ)
falésia (f)	tsuk	צוּק (ז)
colina (f)	giv'a	גִּבְעָה (נ)
glaciar (m)	karxon	קַרְחוֹן (ז)
queda (f) d'água	mapal 'mayim	מַפַּל מַיִם (ז)
géiser (m)	'geizer	גֵּייְזֶר (ז)
lago (m)	agam	אֲגַם (ז)
planície (f)	miʃor	מִישׁוֹר (ז)
paisagem (f)	nof	נוֹף (ז)
eco (m)	hed	הֵד (ז)
alpinista (m)	metapes harim	מְטַפֵּס הָרִים (ז)

escalador (m)	metapes sla'im	מְטַפֵּס סְלָעִים (ז)
conquistar (vt)	liχboʃ	לִכְבּוֹשׁ
subida, escalada (f)	tipus	טִיפּוּס (ז)

128. Nomes de montanhas

Alpes (m pl)	harei ha''alpim	הָרֵי הָאָלְפִּים (ז"ר)
monte Branco (m)	mon blan	מוֹן בְּלָאן (ז)
Pirineus (m pl)	pire'ne'im	פִּירֶנֵאִים (ז"ר)
Cárpatos (m pl)	kar'patim	קַרְפָּטִים (ז"ר)
montes (m pl) Urais	harei ural	הָרֵי אוּרָל (ז"ר)
Cáucaso (m)	harei hakavkaz	הָרֵי הַקַווקָז (ז"ר)
Elbrus (m)	elbrus	אֶלְבְּרוּס (ז)
Altai (m)	harei altai	הָרֵי אַלְטַאי (ז"ר)
Tian Shan (m)	tyan ʃan	טִיאָן שָׁאן (ז)
Pamir (m)	harei pamir	הָרֵי פָּאמִיר (ז"ר)
Himalaias (m pl)	harei hehima'laya	הָרֵי הַהִימָלַאיָה (ז"ר)
monte (m) Everest	everest	אֶוֶורֶסְט (ז)
Cordilheira (f) dos Andes	harei ha''andim	הָרֵי הָאָנדִים (ז"ר)
Kilimanjaro (m)	kiliman'dʒaro	קִילִימַנְג'רוֹ (ז)

129. Rios

rio (m)	nahar	נָהָר (ז)
fonte, nascente (f)	ma'ayan	מַעְיָין (ז)
leito (m) do rio	afik	אָפִיק (ז)
bacia (f)	agan nahar	אֲגַן נָהָר (ז)
desaguar no …	lehiʃapeχ	לְהִישָׁפֵךְ
afluente (m)	yuval	יוּבַל (ז)
margem (do rio)	χof	חוֹף (ז)
corrente (f)	'zerem	זֶרֶם (ז)
rio abaixo	bemorad hanahar	בְּמוֹרָד הַנָהָר
rio acima	bema'ale hanahar	בְּמַעֲלֵה הַזָרֶם
inundação (f)	hatsafa	הֲצָפָה (נ)
cheia (f)	ʃitafon	שִׁיטָפוֹן (ז)
transbordar (vi)	la'alot al gdotav	לַעֲלוֹת עַל גְדוֹתָיו
inundar (vt)	lehatsif	לְהָצִיף
banco (m) de areia	sirton	שִׂרְטוֹן (ז)
rápidos (m pl)	'eʃed	אֶשֶׁד (ז)
barragem (f)	'seχer	סֶכֶר (ז)
canal (m)	te'ala	תְעָלָה (נ)
reservatório (m) de água	ma'agar 'mayim	מַאֲגַר מַיִם (ז)
eclusa (f)	ta 'ʃayit	תָא שַׁיִט (ז)
corpo (m) de água	ma'agar 'mayim	מַאֲגַר מַיִם (ז)

pântano (m)	bitsa	בִּיצָה (נ)
tremedal (m)	bitsa	בִּיצָה (נ)
remoinho (m)	meʿarˈbolet	מְעַרְבּוֹלֶת (נ)
arroio, regato (m)	ˈnaχal	נַחַל (ז)
potável	ʃel ʃtiya	שֶׁל שְׁתִיָּיה
doce (água)	metukim	מְתוּקִים
gelo (m)	ˈkeraχ	קֶרַח (ז)
congelar-se (vr)	likpo	לִקְפּוֹא

130. Nomes de rios

rio Sena (m)	hasen	הַסֶן (ז)
rio Loire (m)	luˈar	לוּאָר (ז)
rio Tamisa (m)	ˈtemza	תֶמְזָה (ז)
rio Reno (m)	hrain	הֶכַיין (ז)
rio Danúbio (m)	daˈnuba	דָנוּבָּה (ז)
rio Volga (m)	ˈvolga	וֹלְגָה (ז)
rio Don (m)	nahar don	נְהַר דּוֹן (ז)
rio Lena (m)	ˈlena	לֶנָה (ז)
rio Amarelo (m)	hvang ho	הוּאַנג הוֹ (ז)
rio Yangtzé (m)	yangtse	יַאנגְצֶה (ז)
rio Mekong (m)	mekong	מְקוֹנג (ז)
rio Ganges (m)	ˈganges	גַנְגֶס (ז)
rio Nilo (m)	ˈnilus	נִילוּס (ז)
rio Congo (m)	ˈkongo	קוֹנגוֹ (ז)
rio Cubango (m)	okˈvango	אוֹקָבַנגוֹ (ז)
rio Zambeze (m)	zamˈbezi	זַמבֵּזִי (ז)
rio Limpopo (m)	limpopo	לִימפּוֹפוֹ (ז)
rio Mississípi (m)	misiˈsipi	מִיסִיסִיפִּי (ז)

131. Floresta

floresta (f), bosque (m)	ˈyaʿar	יַעַר (ז)
florestal	ʃel ˈyaʿar	שֶׁל יַעַר
mata (f) cerrada	avi haˈyaʿar	עֲבִי הַיַעַר (ז)
arvoredo (m)	χurʃa	חוּרְשָׁה (נ)
clareira (f)	kaˈraχat ˈyaʿar	קָרַחַת יַעַר (נ)
matagal (m)	svaχ	סְבָךְ (ז)
mato (m)	ˈsiaχ	שִׂיחַ (ז)
vereda (f)	ʃvil	שְׁבִיל (ז)
ravina (f)	ˈemek tsar	עֵמֶק צַר (ז)
árvore (f)	ets	עֵץ (ז)
folha (f)	ale	עָלֶה (ז)

folhagem (f)	alva	עַלְוָה (נ)
queda (f) das folhas	ʃa'leχet	שַׁלֶּכֶת (נ)
cair (vi)	linʃor	לִנְשׁוֹר
topo (m)	tsa'meret	צַמֶּרֶת (נ)
ramo (m)	anaf	עָנָף (ז)
galho (m)	anaf ave	עָנָף עָבֶה (ז)
botão, rebento (m)	nitsan	נִיצָן (ז)
agulha (f)	'maχat	מַחַט (נ)
pinha (f)	itstrubal	אִצְטְרוֹבָּל (ז)
buraco (m) de árvore	χor baʻets	חוֹר בָּעֵץ (ז)
ninho (m)	ken	קֵן (ז)
toca (f)	meχila	מְחִילָה (נ)
tronco (m)	'geza	גֶּזַע (ז)
raiz (f)	'ʃoreʃ	שׁוֹרֶשׁ (ז)
casca (f) de árvore	klipa	קְלִיפָּה (נ)
musgo (m)	taχav	טַחַב (ז)
arrancar pela raiz	laʻakor	לַעֲקוֹר
cortar (vt)	liχrot	לִכְרוֹת
desflorestar (vt)	levare	לְבָרֵא
toco, cepo (m)	'gedem	גֶּדֶם (ז)
fogueira (f)	medura	מְדוּרָה (נ)
incêndio (m) florestal	srefa	שְׂרֵיפָה (נ)
apagar (vt)	leχabot	לְכַבּוֹת
guarda-florestal (m)	ʃomer 'yaʻar	שׁוֹמֵר יַעַר (ז)
proteção (f)	ʃmira	שְׁמִירָה (נ)
proteger (a natureza)	liʃmor	לִשְׁמוֹר
caçador (m) furtivo	tsayad lelo reʃut	צַיָּיד לְלֹא רְשׁוּת (ז)
armadilha (f)	mal'kodet	מַלְכּוֹדֶת (נ)
colher (cogumelos, bagas)	lelaket	לְלַקֵּט
perder-se (vr)	litʻot	לִתְעוֹת

132. Recursos naturais

recursos (m pl) naturais	otsarot 'teva	אוֹצְרוֹת טֶבַע (ז"ר)
minerais (m pl)	mine'ralim	מִינֵרָלִים (ז"ר)
depósitos (m pl)	mirbats	מִרְבָּץ (ז)
jazida (f)	mirbats	מִרְבָּץ (ז)
extrair (vt)	liχrot	לִכְרוֹת
extração (f)	kriya	כְּרִיָּה (נ)
minério (m)	afra	עַפְרָה (נ)
mina (f)	miχre	מִכְרֶה (ז)
poço (m) de mina	pir	פִּיר (ז)
mineiro (m)	kore	כּוֹרֶה (ז)
gás (m)	gaz	גָּז (ז)
gasoduto (m)	tsinor gaz	צִינּוֹר גָּז (ז)

petróleo (m)	neft	נֵפְט (ז)
oleoduto (m)	tsinor neft	צִינוֹר נֵפְט (ז)
poço (m) de petróleo	be'er neft	בְּאֵר נֵפְט (נ)
torre (f) petrolífera	migdal ki'duax	מִגְדַל קִידוּחַ (ז)
petroleiro (m)	mexalit	מֵיכָלִית (נ)
areia (f)	xol	חוֹל (ז)
calcário (m)	'even gir	אֶבֶן גִיר (נ)
cascalho (m)	xatsats	חָצָץ (ז)
turfa (f)	kavul	כָּבוּל (ז)
argila (f)	tit	טִיט (ז)
carvão (m)	pexam	פֶּחָם (ז)
ferro (m)	barzel	בַּרְזֶל (ז)
ouro (m)	zahav	זָהָב (ז)
prata (f)	'kesef	כֶּסֶף (ז)
níquel (m)	'nikel	נִיקֶל (ז)
cobre (m)	ne'xoʃet	נְחוֹשֶׁת (נ)
zinco (m)	avats	אָבָץ (ז)
manganês (m)	mangan	מַנְגָן (ז)
mercúrio (m)	kaspit	כַּסְפִּית (נ)
chumbo (m)	o'feret	עוֹפֶרֶת (נ)
mineral (m)	mineral	מִינֶרָל (ז)
cristal (m)	gaviʃ	גָבִישׁ (ז)
mármore (m)	'ʃayiʃ	שַׁיִשׁ (ז)
urânio (m)	u'ranyum	אוּרַנְיוּם (ז)

A Terra. Parte 2

133. Tempo

tempo (m)	'mezeg avir	מֶזֶג אֲוִיר (ז)
previsão (f) do tempo	taxazit 'mezeg ha'avir	תַחֲזִית מֶזֶג הָאֲוִיר (נ)
temperatura (f)	tempera'tura	טֶמְפֶּרָטוּרָה (נ)
termómetro (m)	madxom	מַדחוֹם (ז)
barómetro (m)	ba'rometer	בָּרוֹמֶטֶר (ז)
húmido	lax	לַח
humidade (f)	laxut	לַחוּת (נ)
calor (m)	xom	חוֹם (ז)
cálido	xam	חַם
está muito calor	xam	חַם
está calor	xamim	חָמִים
quente	xamim	חָמִים
está frio	kar	קַר
frio	kar	קַר
sol (m)	'ʃemeʃ	שֶׁמֶשׁ (נ)
brilhar (vi)	lizhor	לִזהוֹר
de sol, ensolarado	ʃimʃi	שִׁמשִׁי
nascer (vi)	liz'roax	לִזרוֹחַ
pôr-se (vr)	liʃ'ko'a	לִשׁקוֹעַ
nuvem (f)	anan	עָנָן (ז)
nublado	me'unan	מְעוּנָן
nuvem (f) preta	av	עָב (ז)
escuro, cinzento	sagriri	סַגרִירִי
chuva (f)	'geʃem	גֶשֶׁם (ז)
está a chover	yored 'geʃem	יוֹרֵד גֶשֶׁם
chuvoso	gaʃum	גָשׁוּם
chuviscar (vi)	letaftef	לְטַפטֵף
chuva (f) torrencial	matar	מָטָר (ז)
chuvada (f)	mabul	מַבּוּל (ז)
forte (chuva)	xazak	חָזָק
poça (f)	ʃlulit	שְׁלוּלִית (נ)
molhar-se (vr)	lehitratev	לְהִתְרַטֵב
nevoeiro (m)	arapel	עֲרָפֶל (ז)
de nevoeiro	me'urpal	מְעוּרפָּל
neve (f)	'ʃeleg	שֶׁלֶג (ז)
está a nevar	yored 'ʃeleg	יוֹרֵד שֶׁלֶג

134. Tempo extremo. Catástrofes naturais

trovoada (f)	sufat re'amim	סוּפַת רְעָמִים (נ)
relâmpago (m)	barak	בָּרָק (ז)
relampejar (vi)	livhok	לִבְהוֹק
trovão (m)	'ra'am	רַעַם (ז)
trovejar (vi)	lir'om	לִרְעוֹם
está a trovejar	lir'om	לִרְעוֹם
granizo (m)	barad	בָּרָד (ז)
está a cair granizo	yored barad	יוֹרֵד בָּרָד
inundar (vt)	lehatsif	לְהָצִיף
inundação (f)	ʃitafon	שִׁיטָפוֹן (ז)
terremoto (m)	re'idat adama	רְעִידַת אֲדָמָה (נ)
abalo, tremor (m)	re'ida	רְעִידָה (נ)
epicentro (m)	moked	מוֹקֵד (ז)
erupção (f)	hitpartsut	הִתְפָּרְצוּת (נ)
lava (f)	'lava	לָאבָה (נ)
turbilhão (m)	hurikan	הוֹרִיקָן (ז)
tornado (m)	tor'nado	טוֹרְנָדוֹ (ז)
tufão (m)	taifun	טַייפוּן (ז)
furacão (m)	hurikan	הוֹרִיקָן (ז)
tempestade (f)	sufa	סוּפָה (נ)
tsunami (m)	tsu'nami	צוּנָאמִי (ז)
ciclone (m)	tsiklon	צִיקְלוֹן (ז)
mau tempo (m)	sagrir	סַגְרִיר (ז)
incêndio (m)	srefa	שְׂרֵיפָה (נ)
catástrofe (f)	ason	אָסוֹן (ז)
meteorito (m)	mete'orit	מֶטְאוֹרִיט (ז)
avalanche (f)	ma'polet ʃlagim	מַפּוֹלֶת שְׁלָגִים (נ)
deslizamento (m) de neve	ma'polet ʃlagim	מַפּוֹלֶת שְׁלָגִים (נ)
nevasca (f)	sufat ʃlagim	סוּפַת שְׁלָגִים (נ)
tempestade (f) de neve	sufat ʃlagim	סוּפַת שְׁלָגִים (נ)

Fauna

135. Mamíferos. Predadores

predador (m)	χayat 'teref	חַיַּת טֶרֶף (נ)
tigre (m)	'tigris	טִיגְרִיס (ז)
leão (m)	arye	אַרְיֵה (ז)
lobo (m)	ze'ev	זְאֵב (ז)
raposa (f)	ʃuʻal	שׁוּעָל (ז)
jaguar (m)	yaguʼar	יָגוּאָר (ז)
leopardo (m)	namer	נָמֵר (ז)
chita (f)	bardelas	בַּרְדְּלָס (ז)
pantera (f)	panter	פַּנְתֵּר (ז)
puma (m)	'puma	פּוּמָה (נ)
leopardo-das-neves (m)	namer 'ʃeleg	נְמֵר שֶׁלֶג (ז)
lince (m)	ʃunar	שׁוּנָר (ז)
coiote (m)	ze'ev haʻaravot	זְאֵב הָעֲרָבוֹת (ז)
chacal (m)	tan	תַּן (ז)
hiena (f)	tsaʻvoʻa	צָבוֹעַ (ז)

136. Animais selvagens

animal (m)	'baʻal χayim	בַּעַל חַיִּים (ז)
besta (f)	χaya	חַיָּה (נ)
esquilo (m)	sna'i	סְנָאִי (ז)
ouriço (m)	kipod	קִיפּוֹד (ז)
lebre (f)	arnav	אַרְנָב (ז)
coelho (m)	ʃafan	שָׁפָן (ז)
texugo (m)	girit	גִּירִית (נ)
guaxinim (m)	dvivon	דְּבִיבוֹן (ז)
hamster (m)	oger	אוֹגֵר (ז)
marmota (f)	mar'mita	מַרְמִיטָה (נ)
toupeira (f)	χafar'peret	חֲפַרְפֶּרֶת (נ)
rato (m)	aχbar	עַכְבָּר (ז)
ratazana (f)	χulda	חוּלְדָּה (נ)
morcego (m)	atalef	עֲטַלֵּף (ז)
arminho (m)	hermin	הֶרְמִין (ז)
zibelina (f)	tsobel	צוֹבֶל (ז)
marta (f)	dalak	דְּלָק (ז)
doninha (f)	χamus	חָמוּס (ז)
vison (m)	χorfan	חוֹרְפָן (ז)

castor (m)	bone	בּוֹנֶה (ז)
lontra (f)	lutra	לוּטְרָה (נ)

cavalo (m)	sus	סוּס (ז)
alce (m)	ayal hakore	אַיָּל הַקּוֹרֵא (ז)
veado (m)	ayal	אַיָּל (ז)
camelo (m)	gamal	גָּמָל (ז)

bisão (m)	bizon	בִּיזוֹן (ז)
auroque (m)	bizon ei'ropi	בִּיזוֹן אֵירוֹפִּי (ז)
búfalo (m)	te'o	תְּאוֹ (ז)

zebra (f)	'zebra	זֶבְּרָה (נ)
antílope (m)	anti'lopa	אַנְטִילוֹפָּה (ז)
corça (f)	ayal hakarmel	אַיָּל הַכַּרְמֶל (ז)
gamo (m)	yaxmur	יַחְמוּר (ז)
camurça (f)	yaʻel	יָעֵל (ז)
javali (m)	xazir bar	חֲזִיר בָּר (ז)

baleia (f)	livyatan	לִוְיָתָן (ז)
foca (f)	'kelev yam	כֶּלֶב יָם (ז)
morsa (f)	sus yam	סוּס יָם (ז)
urso-marinho (m)	dov yam	דּוֹב יָם (ז)
golfinho (m)	dolfin	דּוֹלְפִין (ז)

urso (m)	dov	דּוֹב (ז)
urso (m) branco	dov 'kotev	דּוֹב קוֹטֵב (ז)
panda (m)	'panda	פַּנְדָה (נ)

macaco (em geral)	kof	קוֹף (ז)
chimpanzé (m)	ʃimpanze	שִׁימְפַּנְזָה (נ)
orangotango (m)	orang utan	אוֹרַנְג־אוּטָן (ז)
gorila (m)	go'rila	גּוֹרִילָה (נ)
macaco (m)	makak	מָקָק (ז)
gibão (m)	gibon	גִּיבּוֹן (ז)

elefante (m)	pil	פִּיל (ז)
rinoceronte (m)	karnaf	קַרְנַף (ז)
girafa (f)	dʒi'rafa	גִּ'ירָפָה (נ)
hipopótamo (m)	hipopotam	הִיפּוֹפּוֹטָם (ז)

canguru (m)	'kenguru	קֶנְגוּרוּ (ז)
coala (m)	ko"ala	קוֹאָלָה (ז)

mangusto (m)	nemiya	נְמִיָּה (נ)
chinchila (f)	tʃinˈtʃila	צִ'ינְצִ'ילָה (נ)
doninha-fedorenta (f)	bo'eʃ	בּוֹאֵשׁ (ז)
porco-espinho (m)	darban	דַּרְבָּן (ז)

137. Animais domésticos

gata (f)	xatula	חֲתוּלָה (נ)
gato (m) macho	xatul	חָתוּל (ז)
cão (m)	'kelev	כֶּלֶב (ז)

Português	Transliteração	Hebraico
cavalo (m)	sus	סוּס (ז)
garanhão (m)	sus harba'a	סוּס הַרְבָּעָה (ז)
égua (f)	susa	סוּסָה (נ)
vaca (f)	para	פָּרָה (נ)
touro (m)	ʃor	שׁוֹר (ז)
boi (m)	ʃor	שׁוֹר (ז)
ovelha (f)	kivsa	כִּבְשָׂה (נ)
carneiro (m)	'ayil	אַיִל (ז)
cabra (f)	ez	עֵז (נ)
bode (m)	'tayiʃ	תַּיִשׁ (ז)
burro (m)	χamor	חֲמוֹר (ז)
mula (f)	'pered	פֶּרֶד (ז)
porco (m)	χazir	חֲזִיר (ז)
leitão (m)	χazarzir	חֲזַרְזִיר (ז)
coelho (m)	arnav	אַרְנָב (ז)
galinha (f)	tarne'golet	תַּרְנְגוֹלֶת (נ)
galo (m)	tarnegol	תַּרְנְגוֹל (ז)
pata (f)	barvaz	בַּרְוָז (ז)
pato (macho)	barvaz	בַּרְוָז (ז)
ganso (m)	avaz	אֲוָז (ז)
peru (m)	tarnegol 'hodu	תַּרְנְגוֹל הֹדּוּ (ז)
perua (f)	tarne'golet 'hodu	תַּרְנְגוֹלֶת הֹדּוּ (נ)
animais (m pl) domésticos	χayot 'bayit	חַיּוֹת בַּיִת (נ"ר)
domesticado	mevuyat	מְבוּיָת
domesticar (vt)	levayet	לְבַיֵּת
criar (vt)	lehar'bi'a	לְהַרְבִּיעַ
quinta (f)	χava	חַוָּה (נ)
aves (f pl) domésticas	ofot 'bayit	עוֹפוֹת בַּיִת (נ"ר)
gado (m)	bakar	בָּקָר (ז)
rebanho (m), manada (f)	'eder	עֵדֶר (ז)
estábulo (m)	urva	אוּרְוָה (נ)
pocilga (f)	dir χazirim	דִּיר חֲזִירִים (ז)
estábulo (m)	'refet	רֶפֶת (נ)
coelheira (f)	arnaviya	אַרְנָבִיָּה (נ)
galinheiro (m)	lul	לוּל (ז)

138. Pássaros

Português	Transliteração	Hebraico
pássaro (m), ave (f)	tsipor	צִיפּוֹר (נ)
pombo (m)	yona	יוֹנָה (נ)
pardal (m)	dror	דְּרוֹר (ז)
chapim-real (m)	yargazi	יַרְגָזִי (ז)
pega-rabuda (f)	orev neχalim	עוֹרֵב נְחָלִים (ז)
corvo (m)	orev ʃaχor	עוֹרֵב שָׁחוֹר (ז)

gralha (f) cinzenta	orev afor	עוֹרֵב אָפוֹר (ז)
gralha-de-nuca-cinzenta (f)	ka'ak	קָאָק (ז)
gralha-calva (f)	orev hamizra	עוֹרֵב הַמִזְרָע (ז)
pato (m)	barvaz	בַּרְוָז (ז)
ganso (m)	avaz	אַוָּז (ז)
faisão (m)	pasyon	פַּסְיוֹן (ז)
águia (f)	'ayit	עַיִט (ז)
açor (m)	nets	נֵץ (ז)
falcão (m)	baz	בַּז (ז)
abutre (m)	ozniya	עוֹזְנִיָּה (ז)
condor (m)	kondor	קוֹנְדוֹר (ז)
cisne (m)	barbur	בַּרְבּוּר (ז)
grou (m)	agur	עָגוּר (ז)
cegonha (f)	xasida	חֲסִידָה (נ)
papagaio (m)	'tuki	תֻּכִּי (ז)
beija-flor (m)	ko'libri	קוֹלִיבְּרִי (ז)
pavão (m)	tavas	טַוָּס (ז)
avestruz (m)	bat ya'ana	בַּת יַעֲנָה (נ)
garça (f)	anafa	אֲנָפָה (נ)
flamingo (m)	fla'mingo	פְלַמִינְגוֹ (ז)
pelicano (m)	saknai	שַׂקְנַאי (ז)
rouxinol (m)	zamir	זָמִיר (ז)
andorinha (f)	snunit	סְנוּנִית (נ)
tordo-zornal (m)	kixli	קִיכְלִי (ז)
tordo-músico (m)	kixli mezamer	קִיכְלִי מְזַמֵּר (ז)
melro-preto (m)	kixli ʃaxor	קִיכְלִי שָׁחוֹר (ז)
andorinhão (m)	sis	סִיס (ז)
cotovia (f)	efroni	עֶפְרוֹנִי (ז)
codorna (f)	slav	שְׂלָיו (ז)
pica-pau (m)	'neker	נַקָּר (ז)
cuco (m)	kukiya	קוּקִיָּה (נ)
coruja (f)	yanʃuf	יַנְשׁוּף (ז)
corujão, bufo (m)	'oax	אוֹחַ (ז)
tetraz-grande (m)	sexvi 'ya'ar	שְׂכְוִוי יַעַר (ז)
tetraz-lira (m)	sexvi	שְׂכְוִוי (ז)
perdiz-cinzenta (f)	xogla	חוֹגְלָה (נ)
estorninho (m)	zarzir	זַרְזִיר (ז)
canário (m)	ka'narit	קָנָרִית (נ)
galinha-do-mato (f)	sexvi haya'arot	שְׂכְוִוי הַיְּעָרוֹת (ז)
tentilhão (m)	paroʃ	פָּרוֹשׁ (ז)
dom-fafe (m)	admonit	אַדְמוֹנִית (נ)
gaivota (f)	'ʃaxaf	שַׁחַף (ז)
albatroz (m)	albatros	אַלְבַּטְרוֹס (ז)
pinguim (m)	pingvin	פִּינְגּוֹוִין (ז)

139. Peixes. Animais marinhos

brema (f)	avroma	אַברוֹמָה (נ)
carpa (f)	karpiyon	קַרפִּיוֹן (ז)
perca (f)	'okunus	אוֹקוּנוּס (ז)
siluro (m)	sfamnun	שׂפַמנוּן (ז)
lúcio (m)	ze'ev 'mayim	זְאֵב מַיִם (ז)
salmão (m)	'salmon	סַלמוֹן (ז)
esturjão (m)	xidkan	חִדקָן (ז)
arenque (m)	ma'liax	מָלִיח (ז)
salmão (m)	iltit	אִילתִית (נ)
cavala, sarda (f)	makarel	מָקָרֶל (ז)
solha (f)	dag moʃe ra'benu	דַג מֹשֶה רַבֵּנוּ (ז)
lúcio perca (m)	amnun	אַמנוּן (ז)
bacalhau (m)	ʃibut	שִיבּוּט (ז)
atum (m)	'tuna	טוּנָה (נ)
truta (f)	forel	פוֹרֶל (ז)
enguia (f)	tslofax	צלוֹפָח (ז)
raia elétrica (f)	trisanit	תרִיסָנִית (נ)
moreia (f)	mo'rena	מוֹרֶנָה (נ)
piranha (f)	pi'ranya	פִּירָניָה (נ)
tubarão (m)	kariʃ	כָּרִיש (ז)
golfinho (m)	dolfin	דוֹלפִין (ז)
baleia (f)	livyatan	לִווייָתָן (ז)
caranguejo (m)	sartan	סַרטָן (ז)
medusa, alforreca (f)	me'duza	מֶדוּזָה (נ)
polvo (m)	tamnun	תַמנוּן (ז)
estrela-do-mar (f)	koxav yam	כּוֹכַב יָם (ז)
ouriço-do-mar (m)	kipod yam	קִיפּוֹד יָם (ז)
cavalo-marinho (m)	suson yam	סוּסוֹן יָם (ז)
ostra (f)	tsidpa	צִדפָּה (נ)
camarão (m)	xasilon	חֲסִילוֹן (ז)
lavagante (m)	'lobster	לוֹבּסטֶר (ז)
lagosta (f)	'lobster kotsani	לוֹבּסטֶר קוֹצָנִי (ז)

140. Anfíbios. Répteis

serpente, cobra (f)	naxaʃ	נָחָש (ז)
venenoso	arsi	אַרסִי
víbora (f)	'tsefa	צֶפַע (ז)
cobra-capelo, naja (f)	'peten	פֶּתָן (ז)
pitão (m)	piton	פִּיתוֹן (ז)
jiboia (f)	xanak	חַנָק (ז)
cobra-de-água (f)	naxaʃ 'mayim	נָחָש מַיִם (ז)

cascavel (f)	ʃfifon	שְׁפִיפוֹן (ז)
anaconda (f)	ana'konda	אֲנָקוֹנְדָה (נ)
lagarto (m)	leta'a	לְטָאָה (נ)
iguana (f)	igu"ana	אִיגוּאָנָה (נ)
varano (m)	'koax	כֹּחַ (ז)
salamandra (f)	sala'mandra	סָלָמַנְדְרָה (נ)
camaleão (m)	zikit	זִיקִית (נ)
escorpião (m)	akrav	עַקְרָב (ז)
tartaruga (f)	tsav	צָב (ז)
rã (f)	tsfar'de'a	צְפַרְדֵּעַ (נ)
sapo (m)	karpada	קַרְפָּדָה (נ)
crocodilo (m)	tanin	תַּנִּין (ז)

141. Insetos

inseto (m)	xarak	חָרָק (ז)
borboleta (f)	parpar	פַּרְפַּר (ז)
formiga (f)	nemala	נְמָלָה (נ)
mosca (f)	zvuv	זְבוּב (ז)
mosquito (m)	yatuʃ	יַתּוּשׁ (ז)
escaravelho (m)	xipuʃit	חִיפּוּשִׁית (נ)
vespa (f)	tsir'a	צִרְעָה (נ)
abelha (f)	dvora	דְּבוֹרָה (נ)
mamangava (f)	dabur	דָּבוּר (ז)
moscardo (m)	zvuv hasus	זְבוּב הַסּוּס (ז)
aranha (f)	akaviʃ	עַכָּבִישׁ (ז)
teia (f) de aranha	kurei akaviʃ	קוּרֵי עַכָּבִישׁ (ז"ר)
libélula (f)	ʃapirit	שְׁפִירִית (נ)
gafanhoto-do-campo (m)	xagav	חָגָב (ז)
traça (f)	aʃ	עָשׁ (ז)
barata (f)	makak	מַקָּק (ז)
carraça (f)	kartsiya	קַרְצִיָּה (נ)
pulga (f)	par'oʃ	פַּרְעוֹשׁ (ז)
borrachudo (m)	yavxuʃ	יַבְחוּשׁ (ז)
gafanhoto (m)	arbe	אַרְבֶּה (ז)
caracol (m)	xilazon	חִלָּזוֹן (ז)
grilo (m)	tsartsar	צְרָצַר (ז)
pirilampo (m)	gaxlilit	גַּחְלִילִית (נ)
joaninha (f)	parat moʃe ra'benu	פָּרַת מֹשֶׁה רַבֵּנוּ (נ)
besouro (m)	xipuʃit aviv	חִיפּוּשִׁית אָבִיב (נ)
sanguessuga (f)	aluka	עֲלוּקָה (נ)
lagarta (f)	zaxal	זַחַל (ז)
minhoca (f)	to'la'at	תּוֹלַעַת (נ)
larva (f)	'deren	דֶּרֶן (ז)

Flora

142. Árvores

árvore (f)	ets	עֵץ (ז)
decídua	naʃir	נָשִׁיר
conífera	maxtani	מַחטָנִי
perene	yarok ad	יָרוֹק עַד
macieira (f)	ta'puax	תַפּוּחַ (ז)
pereira (f)	agas	אַגָס (ז)
cerejeira (f)	gudgedan	גוּדגְדָן (ז)
ginjeira (f)	duvdevan	דוּבדְבָן (ז)
ameixeira (f)	ʃezif	שְׁזִיף (ז)
bétula (f)	ʃadar	שְׁדָר (ז)
carvalho (m)	alon	אַלוֹן (ז)
tília (f)	'tilya	טִילְיָה (נ)
choupo-tremedor (m)	aspa	אַסְפָּה (נ)
bordo (m)	'eder	אֶדֶר (ז)
espruce-europeu (m)	a'ʃuax	אַשׁוּחַ (ז)
pinheiro (m)	'oren	אוֹרֶן (ז)
alerce, lariço (m)	arzit	אַרזִית (נ)
abeto (m)	a'ʃuax	אַשׁוּחַ (ז)
cedro (m)	'erez	אֶרֶז (ז)
choupo, álamo (m)	tsaftsefa	צַפְצָפָה (נ)
tramazeira (f)	ben xuzrar	בֶּן־חוּזרָר (ז)
salgueiro (m)	arava	עֲרָבָה (נ)
amieiro (m)	alnus	אַלנוּס (ז)
faia (f)	aʃur	אַשׁוּר (ז)
ulmeiro (m)	bu'kitsa	בּוּקִיצָה (נ)
freixo (m)	mela	מֵילָה (נ)
castanheiro (m)	armon	עַרמוֹן (ז)
magnólia (f)	mag'nolya	מַגנוֹלִיָה (נ)
palmeira (f)	'dekel	דֶקֶל (ז)
cipreste (m)	broʃ	ברוֹש (ז)
mangue (m)	mangrov	מַנגרוֹב (ז)
embondeiro, baobá (m)	ba'obab	בָּאוֹבָּב (ז)
eucalipto (m)	eika'liptus	אֵיקָלִיפּטוּס (ז)
sequoia (f)	sek'voya	סֶקווֹיָה (נ)

143. Arbustos

arbusto (m)	'siax	שִׂיחַ (ז)
arbusto (m), moita (f)	'siax	שִׂיחַ (ז)

videira (f)	'gefen	גֶּפֶן (ז)
vinhedo (m)	'kerem	כֶּרֶם (ז)
framboeseira (f)	'petel	פֶּטֶל (ז)
groselheira-preta (f)	'siax dumdemaniyot ʃxorot	שִׂיחַ דֻּמְדְּמָנִיּוֹת שְׁחוֹרוֹת (ז)
groselheira-vermelha (f)	'siax dumdemaniyot adumot	שִׂיחַ דֻּמְדְּמָנִיּוֹת אֲדֻמּוֹת (ז)
groselheira (f) espinhosa	xazarzar	חֲזַרְזַר (ז)
acácia (f)	ʃita	שִׁיטָה (נ)
bérberis (f)	berberis	בֶּרְבֶּרִיס (ז)
jasmim (m)	yasmin	יַסְמִין (ז)
juníparo (m)	ar'ar	עַרְעָר (ז)
roseira (f)	'siax vradim	שִׂיחַ וְרָדִים (ז)
roseira (f) brava	'vered bar	וֶרֶד בָּר (ז)

144. Frutos. Bagas

fruta (f)	pri	פְּרִי (ז)
frutas (f pl)	perot	פֵּרוֹת (ז"ר)
maçã (f)	ta'puax	תַּפּוּחַ (ז)
pera (f)	agas	אַגָּס (ז)
ameixa (f)	ʃezif	שְׁזִיף (ז)
morango (m)	tut sade	תּוּת שָׂדֶה (ז)
ginja (f)	duvdevan	דֻּבְדְּבָן (ז)
cereja (f)	gudgedan	גּוּדְגְּדָן (ז)
uva (f)	anavim	עֲנָבִים (ז"ר)
framboesa (f)	'petel	פֶּטֶל (ז)
groselha (f) preta	dumdemanit ʃxora	דֻּמְדְּמָנִית שְׁחוֹרָה (נ)
groselha (f) vermelha	dumdemanit aduma	דֻּמְדְּמָנִית אֲדֻמָּה (נ)
groselha (f) espinhosa	xazarzar	חֲזַרְזַר (ז)
oxicoco (m)	xamutsit	חֲמוּצִית (נ)
laranja (f)	tapuz	תַּפּוּז (ז)
tangerina (f)	klemen'tina	קְלֶמֶנְטִינָה (נ)
ananás (m)	'ananas	אֲנָנָס (ז)
banana (f)	ba'nana	בַּנָּנָה (נ)
tâmara (f)	tamar	תָּמָר (ז)
limão (m)	limon	לִימוֹן (ז)
damasco (m)	'miʃmeʃ	מִשְׁמֵשׁ (ז)
pêssego (m)	afarsek	אֲפַרְסֵק (ז)
kiwi (m)	'kivi	קִיוִוי (ז)
toranja (f)	eʃkolit	אֶשְׁכּוֹלִית (נ)
baga (f)	garger	גַּרְגֵּר (ז)
bagas (f pl)	gargerim	גַּרְגְּרִים (ז"ר)
arando (m) vermelho	uxmanit aduma	אֻכְמָנִית אֲדֻמָּה (נ)
morango-silvestre (m)	tut 'ya'ar	תּוּת יַעַר (ז)
mirtilo (m)	uxmanit	אֻכְמָנִית (נ)

145. Flores. Plantas

flor (f)	'peraҳ	פֶּרַח (ז)
ramo (m) de flores	zer	זֵר (ז)
rosa (f)	'vered	וֶרֶד (ז)
tulipa (f)	tsiv'oni	צִבְעוֹנִי (ז)
cravo (m)	tsi'poren	צִיפּוֹרֶן (ז)
gladíolo (m)	glad'yola	גְלַדְיוֹלָה (נ)
centáurea (f)	dganit	דְגָנִיָה (נ)
campânula (f)	pa'amonit	פַּעֲמוֹנִית (נ)
dente-de-leão (m)	ʃinan	שִׁינָן (ז)
camomila (f)	kamomil	קָמוֹמִיל (ז)
aloé (m)	alvai	אַלְוַי (ז)
cato (m)	'kaktus	קַקְטוּס (ז)
fícus (m)	'fikus	פִיקוּס (ז)
lírio (m)	ʃoʃana	שׁוֹשַׁנָה (נ)
gerânio (m)	ge'ranyum	גֶרַנְיוּם (ז)
jacinto (m)	yakinton	יָקִינְטוֹן (ז)
mimosa (f)	mi'moza	מִימוֹזָה (נ)
narciso (m)	narkis	נַרְקִיס (ז)
capuchinha (f)	'kova hanazir	כּוֹבַע הַנָזִיר (ז)
orquídea (f)	saҳlav	סַחְלָב (ז)
peónia (f)	admonit	אַדְמוֹנִית (נ)
violeta (f)	sigalit	סִיגָלִית (נ)
amor-perfeito (m)	amnon vetamar	אַמְנוֹן וְתָמָר (ז)
não-me-esqueças (m)	ziҳ'rini	זִכְרִינִי (ז)
margarida (f)	marganit	מַרְגָנִית (נ)
papoula (f)	'pereg	פֶּרֶג (ז)
cânhamo (m)	ka'nabis	קָנָאבִּיס (ז)
hortelã (f)	'menta	מֶנְתָה (נ)
lírio-do-vale (m)	zivanit	זִיוָנִית (נ)
campânula-branca (f)	ga'lantus	גָלַנְטוּס (ז)
urtiga (f)	sirpad	סִרְפָּד (ז)
azeda (f)	ҳum'a	חוּמְעָה (נ)
nenúfar (m)	nufar	נוּפָר (ז)
feto (m), samambaia (f)	ʃaraҳ	שָׂרָךְ (ז)
líquen (m)	ҳazazit	חֲזָזִית (נ)
estufa (f)	ҳamama	חֲמָמָה (נ)
relvado (m)	midʃa'a	מִדְשָׁאָה (נ)
canteiro (m) de flores	arugat praҳim	עֲרוּגַת פְּרָחִים (נ)
planta (f)	'tsemaҳ	צֶמַח (ז)
erva (f)	'deʃe	דֶשֶׁא (ז)
folha (f) de erva	giv'ol 'esev	גִבְעוֹל עֵשֶׂב (ז)

folha (f)	ale	עָלֶה (ז)
pétala (f)	ale ko'teret	עָלֵה כּוֹתֶרֶת (ז)
talo (m)	giv'ol	גִּבְעוֹל (ז)
tubérculo (m)	'pka'at	פְּקַעַת (נ)
broto, rebento (m)	'nevet	נֶבֶט (ז)
espinho (m)	kots	קוֹץ (ז)
florescer (vi)	lifroax	לִפְרוֹחַ
murchar (vi)	linbol	לִנְבּוֹל
cheiro (m)	'reax	רֵיחַ (ז)
cortar (flores)	ligzom	לִגְזוֹם
colher (uma flor)	liktof	לִקְטוֹף

146. Cereais, grãos

grão (m)	tvu'a	תְּבוּאָה (נ)
cereais (plantas)	dganim	דְּגָנִים (ז"ר)
espiga (f)	ʃi'bolet	שִׁיבּוֹלֶת (נ)
trigo (m)	xita	חִיטָה (נ)
centeio (m)	ʃifon	שִׁיפוֹן (ז)
aveia (f)	ʃi'bolet ʃu'al	שִׁיבּוֹלֶת שׁוּעָל (נ)
milho-miúdo (m)	'doxan	דּוֹחַן (ז)
cevada (f)	se'ora	שְׂעוֹרָה (נ)
milho (m)	'tiras	תִּירָס (ז)
arroz (m)	'orez	אוֹרֶז (ז)
trigo-sarraceno (m)	ku'semet	כּוּסֶמֶת (נ)
ervilha (f)	afuna	אֲפוּנָה (נ)
feijão (m)	ʃu'it	שְׁעוּעִית (נ)
soja (f)	'soya	סוֹיָה (נ)
lentilha (f)	adaʃim	עֲדָשִׁים (נ"ר)
fava (f)	pol	פּוֹל (ז)

PAÍSES. NACIONALIDADES

147. Europa Ocidental

Europa (f)	ei'ropa	אֵירוֹפָּה (נ)
União (f) Europeia	ha'ixud ha'eiro'pe'i	הָאִיחוּד הָאֵירוֹפִּי (ז)
Áustria (f)	'ostriya	אוֹסְטְרִיָה (נ)
Grã-Bretanha (f)	bri'tanya hagdola	בְּרִיטַנְיָה הַגְדוֹלָה (נ)
Inglaterra (f)	'angliya	אַנְגְלִיָה (נ)
Bélgica (f)	'belgya	בֶּלְגִיָה (נ)
Alemanha (f)	ger'manya	גֶרְמַנְיָה (נ)
Países (m pl) Baixos	'holand	הוֹלַנְד (נ)
Holanda (f)	'holand	הוֹלַנְד (נ)
Grécia (f)	yavan	יָוָן (נ)
Dinamarca (f)	'denemark	דֶנֶמַרְק (נ)
Irlanda (f)	'irland	אִירְלַנְד (נ)
Islândia (f)	'island	אִיסְלַנְד (נ)
Espanha (f)	sfarad	סְפָרַד (נ)
Itália (f)	i'talya	אִיטַלְיָה (נ)
Chipre (m)	kafrisin	קַפְרִיסִין (נ)
Malta (f)	'malta	מַלְטָה (נ)
Noruega (f)	nor'vegya	נוֹרְבֶגִיָה (נ)
Portugal (m)	portugal	פּוֹרְטוּגָל (נ)
Finlândia (f)	'finland	פִינְלַנְד (נ)
França (f)	tsarfat	צָרְפַת (נ)
Suécia (f)	'ʃvedya	שְבֶדְיָה (נ)
Suíça (f)	'ʃvaits	שְווַיץ (נ)
Escócia (f)	'skotland	סְקוֹטְלַנְד (נ)
Vaticano (m)	vatikan	וָתִיקָן (ז)
Liechtenstein (m)	li'xtenʃtain	לִיכְטֶנְשְטַיין (נ)
Luxemburgo (m)	luksemburg	לוּקְסֶמְבּוּרְג (נ)
Mónaco (m)	mo'nako	מוֹנָקוֹ (נ)

148. Europa Central e de Leste

Albânia (f)	al'banya	אַלְבַּנְיָה (נ)
Bulgária (f)	bul'garya	בּוּלְגַרִיָה (נ)
Hungria (f)	hun'garya	הוּנְגַרִיָה (נ)
Letónia (f)	'latviya	לַטְבִיָה (נ)
Lituânia (f)	'lita	לִיטָא (נ)
Polónia (f)	polin	פּוֹלִין (נ)

Roménia (f)	ro'manya	רוֹמַנְיָה (נ)
Sérvia (f)	'serbya	סֶרְבִּיָה (נ)
Eslováquia (f)	slo'vakya	סְלוֹבָקְיָה (נ)
Croácia (f)	kro"atya	קְרוֹאָטְיָה (נ)
República (f) Checa	'tʃexya	צֶ'כְיָה (נ)
Estónia (f)	es'tonya	אֶסְטוֹנְיָה (נ)
Bósnia e Herzegovina (f)	'bosniya	בּוֹסְנְיָה (נ)
Macedónia (f)	make'donya	מָקֵדוֹנְיָה (נ)
Eslovénia (f)	slo'venya	סְלוֹבֶנְיָה (נ)
Montenegro (m)	monte'negro	מוֹנְטֶנֶגְרוֹ (נ)

149. Países da ex-URSS

Azerbaijão (m)	azerbaidʒan	אָזֶרְבַּיְיגָ'ן (נ)
Arménia (f)	ar'menya	אַרְמֶנְיָה (נ)
Bielorrússia (f)	'belarus	בֶּלָרוּס (נ)
Geórgia (f)	'gruzya	גְרוּזְיָה (נ)
Cazaquistão (m)	kazaχstan	קַזַחְסְטָן (נ)
Quirguistão (m)	kirgizstan	קִירְגִיזְסְטָן (נ)
Moldávia (f)	mol'davya	מוֹלְדַבְיָה (נ)
Rússia (f)	'rusya	רוּסְיָה (נ)
Ucrânia (f)	uk'rayna	אוּקְרָאִינָה (נ)
Tajiquistão (m)	tadʒikistan	טָגִ'יקִיסְטָן (נ)
Turquemenistão (m)	turkmenistan	טוּרְקְמֶנִיסְטָן (נ)
Uzbequistão (f)	uzbekistan	אוּזְבֶּקִיסְטָן (נ)

150. Asia

Ásia (f)	'asya	אַסְיָה (נ)
Vietname (m)	vyetnam	וִיֶיטְנָאם (נ)
Índia (f)	'hodu	הוֹדוּ (נ)
Israel (m)	yisra'el	יִשְׂרָאֵל (נ)
China (f)	sin	סִין (נ)
Líbano (m)	levanon	לְבָנוֹן (נ)
Mongólia (f)	mon'golya	מוֹנְגוֹלְיָה (נ)
Malásia (f)	ma'lezya	מָלֵזְיָה (נ)
Paquistão (m)	pakistan	פָּקִיסְטָן (נ)
Arábia (f) Saudita	arav hasa'udit	עֲרָב הַסָעוּדִית (נ)
Tailândia (f)	'tailand	תַאִילָנְד (נ)
Taiwan (m)	taivan	טַיְיוָן (נ)
Turquia (f)	'turkiya	טוּרְקִיָה (נ)
Japão (m)	yapan	יָפָן (נ)
Afeganistão (m)	afganistan	אַפְגָנִיסְטָן (נ)
Bangladesh (m)	bangladeʃ	בַּנְגְלָדֶשׁ (נ)

| Indonésia (f) | indo'nezya | אִינְדּוֹנֶזְיָה (נ) |
| Jordânia (f) | yarden | יַרְדֵּן (נ) |

Iraque (m)	irak	עִירָאק (נ)
Irão (m)	iran	אִירָן (נ)
Camboja (f)	kam'bodya	קַמְבּוֹדְיָה (נ)
Kuwait (m)	kuveit	כֻּוֵיית (נ)

Laos (m)	la'os	לָאוֹס (נ)
Myanmar (m), Birmânia (f)	miyanmar	מְיַאנְמָר (נ)
Nepal (m)	nepal	נֶפָּאל (נ)
Emirados Árabes Unidos	iχud ha'emi'royot ha'araviyot	אִיחוּד הָאֱמִירוּיוֹת הָעֲרָבִיּוֹת (ז)

Síria (f)	'surya	סוּרְיָה (נ)
Palestina (f)	falastin	פָּלֶסְטִין (נ)
Coreia do Sul (f)	ko'rei'a hadromit	קוֹרֵיאָה הַדְּרוֹמִית (נ)
Coreia do Norte (f)	ko'rei'a hatsfonit	קוֹרֵיאָה הַצְּפוֹנִית (נ)

151. América do Norte

Estados Unidos da América	artsot habrit	אַרְצוֹת הַבְּרִית (נ"ר)
Canadá (m)	'kanada	קָנָדָה (נ)
México (m)	'meksiko	מֶקְסִיקוֹ (נ)

152. América Central do Sul

Argentina (f)	argen'tina	אַרְגֶּנְטִינָה (נ)
Brasil (m)	brazil	בְּרָזִיל (נ)
Colômbia (f)	ko'lombya	קוֹלוֹמְבְּיָה (נ)
Cuba (f)	'kuba	קוּבָּה (נ)
Chile (m)	'tʃile	צִ'ילֶה (נ)

Bolívia (f)	bo'livya	בּוֹלִיבְיָה (נ)
Venezuela (f)	venetsu"ela	וֶנֶצוּאֶלָה (נ)
Paraguai (m)	paragvai	פָּרָגְוַואי (נ)
Peru (m)	peru	פֶּרוּ (נ)
Suriname (m)	surinam	סוּרִינָאם (נ)
Uruguai (m)	urugvai	אוּרוּגְוַואי (נ)
Equador (m)	ekvador	אֶקְוָדוֹר (נ)
Bahamas (f pl)	iyey ba'hama	אִיֵּי בָּהָאמָה (ז"ר)
Haiti (m)	ha"iti	הָאִיטִי (נ)

República (f) Dominicana	hare'publika hadomeni'kanit	הָרֶפּוּבְּלִיקָה הַדּוֹמִינִיקָנִית (נ)
Panamá (m)	pa'nama	פָּנָמָה (נ)
Jamaica (f)	dʒa'maika	גָ'מַייקָה (נ)

153. Africa

| Egito (m) | mits'rayim | מִצְרַיִם (נ) |
| Marrocos | ma'roko | מָרוֹקוֹ (נ) |

Tunísia (f)	tu'nisya	טוּנִיסְיָה (נ)
Gana (f)	'gana	גָאנָה (נ)
Zanzibar (m)	zanzibar	זַנְזִיבָּר (ז)
Quénia (f)	'kenya	קֶנְיָה (נ)
Líbia (f)	luv	לוּב (ז)
Madagáscar (m)	madagaskar	מָדָגַסְקָר (ז)

Namíbia (f)	na'mibya	נָמִיבְּיָה (נ)
Senegal (m)	senegal	סֶנֶגָל (נ)
Tanzânia (f)	tan'zanya	טַנְזַנְיָה (נ)
África do Sul (f)	drom 'afrika	דְרוֹם אַפְרִיקָה (נ)

154. Austrália. Oceania

| Austrália (f) | ost'ralya | אוֹסְטְרַלְיָה (נ) |
| Nova Zelândia (f) | nyu 'ziland | נְיוּ זִילַנְד (נ) |

| Tasmânia (f) | tas'manya | טַסְמַנְיָה (נ) |
| Polinésia Francesa (f) | poli'nezya hatsarfatit | פּוֹלִינֶזְיָה הַצָרְפָתִית (נ) |

155. Cidades

Amesterdão	'amsterdam	אַמְסְטֶרְדָם (נ)
Ancara	ankara	אַנְקָרָה (נ)
Atenas	a'tuna	אָתוּנָה (נ)

Bagdade	bagdad	בַּגְדָד (נ)
Banguecoque	bangkok	בַּנְגְקוֹק (נ)
Barcelona	bartse'lona	בַּרְצֶלוֹנָה (נ)
Beirute	beirut	בֵּירוּת (נ)
Berlim	berlin	בֶּרְלִין (נ)

Bombaim	bombei	בּוֹמְבֵּי (נ)
Bona	bon	בּוֹן (נ)
Bordéus	bordo	בּוֹרְדוֹ (נ)
Bratislava	bratis'lava	בְּרָטִיסְלָאבָה (נ)
Bruxelas	brisel	בְּרִיסֶל (נ)
Bucareste	'bukareʃt	בּוּקָרֶשְט (נ)
Budapeste	'budapeʃt	בּוּדָפֶּשְט (נ)

Cairo	kahir	קָהִיר (נ)
Calcutá	kol'kata	קוֹלְקָטָה (נ)
Chicago	ʃi'kago	שִיקָאגוֹ (נ)
Cidade do México	'meksiko 'siti	מֶקְסִיקוֹ סִיטִי (נ)
Copenhaga	kopen'hagen	קוֹפֶּנְהָגֶן (נ)

Dar es Salaam	dar e salam	דָאר אֶ־סַלָאם (נ)
Deli	'delhi	דֶלְהִי (נ)
Dubai	dubai	דוּבַּאי (נ)
Dublin, Dublim	'dablin	דַבְּלִין (נ)
Düsseldorf	'diseldorf	דִיסֶלְדוֹרף (נ)
Estocolmo	'stokholm	סְטוֹקְהוֹלְם (נ)

Florença	fi'rentse	פִירֶנְצָה (נ)
Frankfurt	'frankfurt	פְרַנקפפוּרט (נ)
Genebra	dʒe'neva	ג׳נֶבָה (נ)
Haia	hag	הָאג (נ)
Hamburgo	'hamburg	הַמבּוּרג (נ)
Hanói	hanoi	הָאנוֹי (נ)
Havana	ha'vana	הָוָואנָה (נ)
Helsínquia	'helsinki	הֶלסִינקִי (נ)
Hiroshima	hiro'ʃima	הִירוֹשִימָה (נ)
Hong Kong	hong kong	הוֹנג קוֹנג (נ)
Istambul	istanbul	אִיסטַנבּוּל (נ)
Jerusalém	yeruʃa'layim	יְרוּשָלַיִם (נ)
Kiev	'kiyev	קִייֵב (נ)
Kuala Lumpur	ku''ala lumpur	קוּאָלָה לוּמפּוּר (נ)
Lisboa	lisbon	לִיסבּוֹן (נ)
Londres	'london	לוֹנדוֹן (נ)
Los Angeles	los 'andʒeles	לוֹס אַנג׳לֶס (נ)
Lion	li'on	לִיאוֹן (נ)
Madrid	madrid	מַדרִיד (נ)
Marselha	marsei	מַרסֵי (נ)
Miami	ma'yami	מָיָאמִי (נ)
Montreal	montri'ol	מוֹנטרִיאוֹל (נ)
Moscovo	'moskva	מוֹסקבָה (נ)
Munique	'minxen	מִינכֶן (נ)
Nairóbi	nai'robi	נַיירוֹבִּי (נ)
Nápoles	'napoli	נָפּוֹלִי (נ)
Nice	nis	נִיס (נ)
Nova York	nyu york	נִיוּ יוֹרק (נ)
Oslo	'oslo	אוֹסלוֹ (נ)
Ottawa	'otava	אוֹטָווָה (נ)
Paris	pariz	פָּרִיז (נ)
Pequim	beidʒing	בֵּייג׳ינג (נ)
Praga	prag	פּרָאג (נ)
Rio de Janeiro	'riyo de ʒa'nero	רִיוֹ דָה ז׳נֵרוֹ (נ)
Roma	'roma	רוֹמָא (נ)
São Petersburgo	sant 'petersburg	סָנט פֶּטֶרסבּוּרג (נ)
Seul	se'ul	סֵאוּל (נ)
Singapura	singapur	סִינגָפּוּר (נ)
Sydney	'sidni	סִידנִי (נ)
Taipé	taipe	טַייפֶּה (נ)
Tóquio	'tokyo	טוֹקִיוֹ (נ)
Toronto	to'ronto	טוֹרוֹנטוֹ (נ)
Varsóvia	'varʃa	וַרשָה (נ)
Veneza	ve'netsya	וֶנֶצִיָה (נ)
Viena	'vina	וִינָה (נ)
Washington	'voʃington	וֹשִינגטוֹן (נ)
Xangai	ʃanxai	שַנחַאי (נ)

www.ingramcontent.com/pod-product-compliance
Lightning Source LLC
Chambersburg PA
CBHW070603050426
42450CB00011B/2957